EDCO
IRISH
REVISE WISE

JUNIOR CERTIFICATE ORDINARY LEVEL

Muireann O'Connell, Yvonne O'Toole

Edco
The Educational Company of Ireland

Contents

Revised

Revised

Revised

Revised

This Revision Guide deals with each aspect of the Junior Certificate, Ordinary Level Irish Paper. There are two parts to this exam:

(i)   The written paper
(ii)   The listening comprehension

Written paper   220 marks
Listening comprehension   100 marks
Total   320 marks

Each section of the exam is dealt with separately:

- Meaitseáil
- Fógraí
- Filíocht
- Léamhthuiscint
- Cárta poist
- Nóta
- Litir
- Alt
- Cuntas dialanne
- Cluastuiscint

Exam guidelines are laid out clearly at the start of each chapter including the format of the question, allocation of marks and time needed per question. Throughout each chapter you are given tips on how to answer the questions, useful vocabulary and phrases to learn, lots of practice exercises and worked examples from previous Junior Certificate Irish papers.

This book is designed to enable you to work on your own, build on what you already know and therefore improve your grade.

The Revision Guide is part of a comprehensive series of Edco Revision Guides for all subjects for both Ordinary / Higher Level, Junior Certificate and Leaving Certificate.

Tá súil agam go mbainfidh sibh taitneamh as an leabhar seo.

Ádh mór oraibh sa scrúdú!
Muireann O'Connell
Yvonne O'Toole

● ● ● **What you will learn in this chapter**

1   Keywords and phrases to help you in the exam
2   Helpful tips and handy hints
3   Experience samples of the 'Meaitseáil' question as well
    as some past exam questions

Exam Guidelines

- The *Meaitseáil* (Matching) question is Question 1 on Part 1
  of the exam paper
- You are asked to match up a written message / sign to a picture
- This question is worth 20 marks out of 220 for the written paper
- Spend 10 minutes on this question
- Match up the signs that you're sure of first, then see what you're left with
- Make sure you check your answers carefully when you've filled in the grid
- Never leave a blank box
- Never put the same letter into two boxes

Vocabulary to learn

Make sure you learn the vocabulary below. It appears on the exam paper
again and again.

Foclóir

Ar fáil / Le fáil	Available
Cosc ar	Not allowed
Comórtas	Competition
Ciúnas	Quiet
Ar cíos	For rent
Ar siúl	Taking place
Ag teastáil	Wanted

Foclóir

Aire!	Attention!
Ná _____	Do not _____
Taispeántas	A show/An exhibition
Le díol	For sale
Faighte	Found
Caillte	Lost
Le fáil ar leathphraghas	Available at half price
Seachain!	Beware!
Stailc	A strike
Fógra	Notice
Ar iarraidh	Missing
Comórtas eitpheile	Volleyball competition
Ar fáil – ceachtanna leadóige	Available – tennis lessons
Amú – madra dubh	Lost – a black dog
Carr le díol	Car for sale
Cosc ar shnámh anseo	No swimming here
Ciúnas – Scrúdú ar siúl	Quiet – Exam in progress
Ag teastáil – seanleabhair agus seanirisí	Wanted – old books and magazines
Árasáin ar cíos	Flats for rent
Faighte – madra beag dubh	Found – a small black dog
Fógra – Ná téigh ag snámh sa loch	Notice – Do not swim in the lake
Ar iarraidh – mála dubh. Duais le fáil	Missing – a black bag. Reward offered

Practise

Cabhair

Fáinne óir	A gold ring
Páirceáil	Parking
Oibreacha bóthair	Road works
Ar chlé	Left
Árasáin	Apartments / flats

Exercise

1. Árasáin ar cíos

2. Aire! Oibreacha bóthair romhat

3. Ná cas ar chlé

4. Stailc ar siúl anseo

5. Faighte – fáinne óir

6. Cosc ar pháirceáil

7. Fógra – Dioscó ar siúl anocht i Halla na scoile

8. Faighte – cat beag dubh

9. Ag teastáil – Seanleabhair agus seanmhálaí
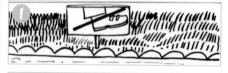

10. Ná siúl ar an bhféar

1	2	3	4	5	6	7	8	9	10

Fógraí Scoile / School Notices

Cistin	Kitchen
Seomra ríomhairí	Computer room
Bialann	Restaurant
Seomra ceoil	Music room
Seomra miotalóireachta	Metalwork room
Seomra adhmadóireachta	Woodwork room
Leabharlann	Library
Oifig an phríomhoide	The principal's office
Seomra folctha	Bathroom
Seomra ealaíne	The art room
Halla staidéir	Study hall
Oifig an rúnaí	The secretary's office
Clós na scoile	The school yard
Teanglann	Language laboratory
Saotharlann	Science laboratory
Amharclann	Theatre
Seomra gléasta / Seomra feistis	Dressing room

Practise

EXERCISE

1. Halla staidéir	(A)
2. Seomra ríomhairí	(B)
3. Oifig an rúnaí	(C)
4. Seomra na múinteoirí	(D)
5. Seomra adhmadóireachta	(E)
6. Seomra ceoil	(F)
7. Cistin	(G)
8. Bialann	(H)
9. Clós na scoile	(I)
10. Leabharlann	(J)

1	2	3	4	5	6	7	8	9	10

Now that you know the rooms of the school, how about the rules?

School rules

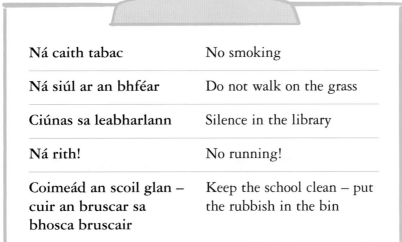

Ná caith tabac	No smoking
Ná siúl ar an bhféar	Do not walk on the grass
Ciúnas sa leabharlann	Silence in the library
Ná rith!	No running!
Coimeád an scoil glan – cuir an bruscar sa bhosca bruscair	Keep the school clean – put the rubbish in the bin

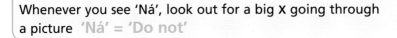

Handy Hint

Whenever you see 'Ná', look out for a big X going through a picture 'Ná' = 'Do not'

Siopaí / Shops

Siopa seodóra	A jewellery shop
Siopa éadaí	A clothes shop
Siopa troscáin	A furniture shop
Siopa leabhar	A bookshop
Siopa glasraí	A vegetable shop
Siopa bróg	A shoe shop
Siopa bréagán	A toy shop
Ollmhargadh	A supermarket
Siopa crua-earraí	A hardware shop
Siopa poitigéara	A chemist / pharmacy
Siopa spóirt	A sports shop
Siopa éisc	A fish shop
Siopa leictreach	An electrical shop
Siopa dlúthdhioscaí	A cd shop
Báicéir	A baker
Búistéir	A butcher
Gruagaire	Hairdresser

Practise

Exercise

1. Siopa poitigéara

2. Siopa bréagán

3. Siopa crua-earraí

4. Ollmhargadh

5. Siopa bróg

6. Siopa seodóra

7. Siopa leictreach

8. Siopa dlúthdhioscaí

9. Siopa éisc

10. Siopa troscáin

1	2	3	4	5	6	7	8	9	10

Comharthaí Bóthair / Road Signs

Géill slí	Yield right of way
Bóthar casta romhat	Bend ahead
Páistí ag trasnú	Children crossing
Fir ag obair	Men at work
Bóthar sleamhain	Slippery road
Cas ar chlé	Turn left
Cas ar dheis	Turn right
Soilse tráchta romhat	Traffic lights ahead
Cosc ar pháirceáil	No parking
Bóthar aontreo	One way road
Ná cas ar dheis	No right turn
Teorainn luais	Speed limit
Dainséar	Danger
Tiomáin go mall	Drive slowly
Tá an carrchlós lán	Car park is full
Ná cas ar chlé	No left turn
Oibreacha bóthair	Road works
Ceadaithe	Allowed
Coisithe	Pedestrians

Practise

Exercise

1. Bóthar sleamhain	**A**	
2. Fir ag obair	**B**	
3. Soilse tráchta romhat	**C**	
4. Cas ar dheis	**D**	
5. Géill slí	**E**	
6. Cosc ar pháirceáil	**F**	
7. Ná cas ar chlé	**G**	
8. Bóthar casta romhat	**H**	
9. Páistí ag trasnú – tiomáin go mall	**I**	
10. Dainséar!	**J**	

1	2	3	4	5	6	7	8	9	10

Árais Phoiblí / Public Buildings

Óstán	Hotel
Bialann	Restaurant
Monarcha	Factory
Brú	Hostel
Gruagaire	Hairdresser
Ollmhargadh	Supermarket
Stáisiún Dóiteáin	Fire Station
Oifig an Phoist	Post Office
Teach Tábhairne	Public House
Ospidéal	Hospital
Séipéal	Church
Dánlann	Art Gallery
Amharclann	Theatre
Pictiúrlann	Cinema
Linn Snámha	Swimming Pool
Scoil	School
Ionad Campála	Campsite
Ionad Sláinte	Health Centre
Foirgneamh	A building
Poiblí	Public

Handy Hint

Look around on your way home from school, see if you notice any of these names written on signs or buildings near where you live! Make a note of any signs in a small notebook and look up the Irish translation. Revise this vocabulary during the year to prepare for the exam.

Practise

Exercise

1. Gruagaire

2. Oifig an Phoist

3. Óstán

4. Stáisiún Dóiteáin

5. Monarcha

6. Brú

7. Séipéal

8. Ollmhargadh

9. Teach tábhairne

10. Ospidéal

1	2	3	4	5	6	7	8	9	10

Past exam questions

Now you're ready to try some exam questions!

Junior Certificate 2006

1. TAIRISCINT SPEISIALTA
Ríomhairí ar Leathphraghas

2. SIOPA CRUA - EARRAÍ
Cúntóirí ag teastáil
Fón: 086 - 346890

3. COSAIN DO THEACH
Cuir isteach aláram tí

4. AIRE!
Aill dhainséarach

5. SIOPA TROSCÁIN
Sladmhargadh inniu!

6. Taispeántas grianghraf
Bí ann - 8 i.n. anocht
Halla na Scoile

7. Cluiche Ceannais Iomána
Ticéid ar fáil ó
Rúnaí an Chlub

8. AR DÍOL
Teach breá cois farraige
Fón: 01 - 6942103

9. Díolachán Saothair ar son Trócaire
Dé Sathairn 3 i.n. - 5 i.n.

10. Ranganna Gaeilge
Ar an Luan 7 i.n. - 8 i.n.
Sa leabharlann áitiúil

1	2	3	4	5	6	7	8	9	10

Junior Certificate 2005

1.**Scoil dúnta**
Damáiste don díon

2.**Bailiúchán airgid**
Ar son Trócaire
Boscaí ar fáil ó rúnaí na scoile

3.**TOGHA GLASRAÍ**
AR FÁIL ANSEO

4.**AIRE!**
Droichead briste
An treo seo

5.**CARRCHLÓS**
100 SPÁS FÁGTHA

6.**Ranganna ceoil**
Do gach aoisghrúpa

7.**Ag teastáil**
Peata piscín nó coileáin
Fón: 6540321

8.Ceachtanna tiomána
Ar phraghas íseal
Gach lá den tseachtain

9.**Éadaí san fhaisean is déanaí**
Do dhéagóirí agus **do dhaoine fásta**

10.**Ag dul ar saoire?**
Is féidir linn cabhrú leat
Labhair linn

1	2	3	4	5	6	7	8	9	10

Junior Certificate 2004

1. Faighte sa chlós
   Uaireadóir dubh

2. Cosc ar dhreapadóireacht chrann

3. **Ar fáil**
   Bricfeasta den scoth
   €7

4. **Teorainn luais**
   Tríocha m.s.u.

5. Geamaireacht na Nollag
   Cinderella
   Ticéid: €7

6. Comórtas eitpheile
   Dé hAoine i Halla an Phobail
   Costas iontrála: €10

7. Tráth na ngCeist Boird
   Halla na Scoile
   Aoine: 7 i.n. - 10 i.n.

8. **Ciúnas**
   Scrúdú Cluastuisceana
   Ar siúl

9. **Ag teastáil**
   Rothar sléibhte do dhéagóir
   Fón: 01 - 6805241

10. Árasáin ar cíos in aice le lár na cathrach

1	2	3	4	5	6	7	8	9	10

Key points to remember

- Vocabulary: make sure to learn the vocabulary in this chapter in preparation for the exam.
- Answer all questions: never leave a box blank and make sure you don't put the same letter in two boxes.
- Practise: be sure to practise the exercises in this chapter to gain more confidence for tackling the question on the exam paper.

Section 2: Fógraí

●●●**What you will learn in this chapter**

1   Useful vocabulary and phrases that come up in this exam question regularly
2   Practise sample questions to gain more confidence for the exam
3   Examine past exam questions

Exam Guidelines

- The *Fógraí* (Notices) question is Question 2 (A, B) on Part 1 of the exam paper
- You are given 3 exercises – 2 notices and a poem. You have to answer 2 out of 3
- This question is worth 30 marks (15 x 2)
- Spend 10 minutes on this question
- Look for any pictures first, there might be a hint as to what the notice is about
- You don't need to understand every word in the notice to answer the questions
- Make sure you know the words used for asking questions in Irish i.e. cad, cé, céard…
- Read every part of the notice first before you start answering the questions
- Read the questions very carefully

Vocabulary to learn

Notices (**Fógraí**) are used to advertise the following:

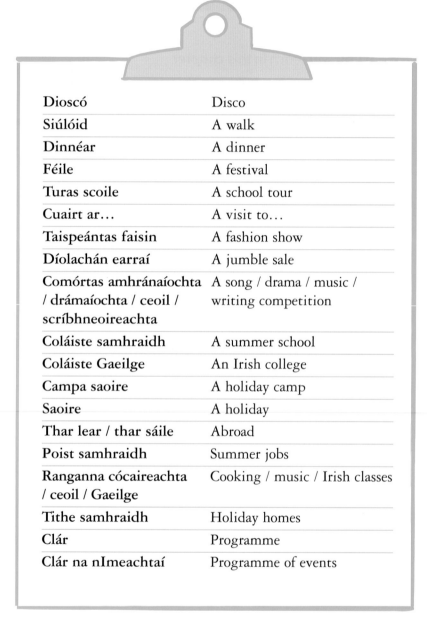

Dioscó	Disco
Siúlóid	A walk
Dinnéar	A dinner
Féile	A festival
Turas scoile	A school tour
Cuairt ar...	A visit to...
Taispeántas faisin	A fashion show
Díolachán earraí	A jumble sale
Comórtas amhránaíochta / drámaíochta / ceoil / scríbhneoireachta	A song / drama / music / writing competition
Coláiste samhraidh	A summer school
Coláiste Gaeilge	An Irish college
Campa saoire	A holiday camp
Saoire	A holiday
Thar lear / thar sáile	Abroad
Poist samhraidh	Summer jobs
Ranganna cócaireachta / ceoil / Gaeilge	Cooking / music / Irish classes
Tithe samhraidh	Holiday homes
Clár	Programme
Clár na nImeachtaí	Programme of events

Handy Hint

When reading through the notice, underline the following basic details:

What?	Cad?
Where?	Cá?
When?	Cathain?
Who?	Cé?

You can prepare for this question by learning the following words used for asking questions and vocabulary.

Cá? / Cá háit? / Cén áit?   Where?

Halla an Phobail	The Public Hall
Halla an Bhaile	The Town Hall
Clós na scoile	The school yard
Halla na scoile	The school hall
Páirc Naomh Áine	St Anne's Park
Óstán na Mara	The Sea Hotel
Coláiste Naomh Eoin	St Eoin's College
Sa chathair	In the city
Leabharlann na scoile	The school library
Oifig an rúnaí	The secretary's office

Cathain?   When?

Cén t-am?	What time?
Cén lá?	What day?
Cén mhí?	What month?
Cén dáta?	What date?
Cén uair?	When?

Laethanta na seachtaine / Days of the week

Dé Luain	Monday
Dé Máirt	Tuesday
Dé Céadaoin	Wednesday
Déardaoin	Thursday
Dé hAoine	Friday
Dé Sathairn	Saturday
Dé Domhnaigh	Sunday
Ar maidin	In the morning
San iarnóin / um thráthnóna	In the afternoon
I rith an lae	During the day
San oíche	Night time
Meán lae	Midday
Meán oíche	Midnight

Na Míonna / Months

Eanáir	January
Feabhra	February
Márta	March
Aibreán	April
Bealtaine	May
Meitheamh	June
Iúil	July
Lúnasa	August
Meán Fómhair	September
Deireadh Fómhair	October
Mí na Samhna	November
Mí na Nollag	December

Na Séasúir / Seasons

An Samhradh	Summer
An Fómhar	Autumn
An Geimhreadh	Winter
An tEarrach	Spring

Cén fáth? / Cad chuige?   Why?

Chun airgead a bhailiú	To raise money
Chun ócáid a chéiliúradh	To celebrate an occasion
Chun Gaeilge a fhoglaim	To learn Irish

Cé? / Who?

Ag eagrú	Organising
Na heagraithe	Organisers
Tuismitheoirí	Parents
Daltaí bunscoile	Primary school students
Daltaí meánscoile	Secondary school students
Mic léinn	University students
Múinteoirí	Teachers
Cairde	Friends
An fhoireann cispheile	The basketball team
An Príomhoide	The Principal

Practise

Léigh an fógra thíos agus freagair na ceisteanna a ghabhann leis.

Exercise 1

Teach ar díol
Bóthar na Trá
Gaillimh

- Teach leathscoite ar dhá acra
- In aice scoileanna agus siopaí
- Seomra suí, seomra bia agus seomra teilifíse
- Cúig sheomra leapa

Le feiceáil gach Céadaoin agus Déardaoin ó 2 – 4in
Tuilleadh eolais ó Pheadar Ó Laoire,
Gníomhaire Eastáit – (091) 456891

Cabhair

Leathscoite	Semi-detached
Gníomhaire eastáit	Estate agent

1   Cá bhfuil an teach suite?

2   Cén saghas tí é?

3   Ainmnigh **dhá** sheomra atá ann.

4   Conas is féidir tuilleadh eolais a fháil?

Léigh an fógra thíos agus freagair na ceisteanna a ghabhann leis

Exercise 2

Scoil Naomh Áine
Iarbhunscoil do chailíní
Lá oscailte, Dé hAoine 23 Aibreán

Clár na nImeachtaí

10 r.n.	Taispeántas sa seomra ealaíne
10.30 r.n.	Cuairt ar an tsaotharlann
11 r.n.	Tae agus caife, ullmhaithe ag na daltaí sa cheathrú bliain
12 m.l.	Cuairt ar an leabharlann agus ar an seomra ríomhairí
1 i.n.	Cuairt ar an teanglann (Gaeilge, Fraincis agus Gearmáinis le cloisteáil)
2 i.n.	Óráid ó Phríomhoide na scoile
3 i.n.	Críoch leis an lá

Bígí linn!

Cabhair

Iarbhunscoil	Secondary school
Ullmhaithe	Prepared
Óráid	A speech

1 Cén sórt scoile í Scoil Naomh Áine?

2 Cad a bheidh ar siúl sa seomra ealaíne?

3 Cén t-am a bheidh an chuairt chuig an tsaotharlann?

4 Cé a bheidh ag ullmhú an tae agus an chaife?

5 Cén t-am a bheidh críoch leis an lá?

Léigh an fógra thíos agus freagair na ceisteanna a ghabhann leis.

Exercise 3

Ionad Campála

An Abhainn Bhán, Cill Áirne
Co. Chiarraí, Fón: (042) 287647

- Suíomh álainn ar bhruach locha
- Áiseanna bádóireachta
- Bialann ar oscailt gach tráthnóna
- Ar oscailt 1 Aibreán–31 Deireadh Fómhair
- Fáilte roimh pheataí
- Carrchlós mór
- Áiseanna níocháin éadaí
- Seomra cluichí do pháistí óga
- Cúirteanna cispheile agus cúirteanna leadóige

Má tá tuilleadh eolais ag teastáil uait, cuir glao ar an mbainisteoir:
Máire Ní Loinsigh, ar an uimhir theileafóin: (087) 335 5423

Cabhair

Suíomh	Site
Bádóireacht	Boating
Áiseanna níocháin	Washing facilities
Bainisteoir	Manager

1 Cá bhfuil an tIonad Campála?

2 Cathain a bhíonn sé ar oscailt?

3 Ainmnigh **trí** áis do pháistí atá le fáil ann?

4 Cé hí Máire Ní Loinsigh?

Léigh an fógra thíos agus freagair na ceisteanna a ghabhann leis.

Exercise 4

Tithe Samhraidh
i bPort Láirge
5 nóiméad ón bhfarraige

- Club óige do dhéagóirí 13-16 bliana
- Linn snámha 20 méadar
- Cúirt leadóige agus galfchúrsa

Teach 1
- Bungaló
- Dhá sheomra leapa
- Seomra suite
- Cistin mhór
- Seomra folctha
- Gairdín beag ar chúl an tí

Teach 2
- Tithe dhá stór
- Trí sheomra leapa
- Seomra suite
- Teilfís
- Cistin
- Dhá sheomra folctha
- Gairdín mór os comhair an tí

Tuilleadh eolais ó Áine Ní Bhaoil: (089) 346 576

Cabhair

Déagóirí	Teenagers
Radharc	A view

1   Céard atá ann do dhaoine óga? **(dhá rud)**

2   Ainmnigh **dhá** dhifríocht idir Teach 1 agus Teach 2.

3   Ainmnigh cosúlacht **amháin** idir Teach 1 agus Teach 2.

4   Conas is féidir tuilleadh eolais a fháil?

Past exam questions

4

Bí sláintiúil agus cuir fad le do shaol

Ith an bia ceart i gcónaí
Déan aclaíocht go rialta
TOSÚ MAITH LEATH NA hOIBRE!

DON BHRICFEASTA
Ith babhla leitean

nó

Uibheacha / pónairí agus tósta

GACH LÁ
Ól, ar a laghad, 1.5 líotar d'uisce nó sú torthaí / glasraí
Ith torthaí agus glasraí
Ith bricfeasta, lón agus dinnéar
Má bhíonn ocras ort idir béilí ith iógart, torthaí, arán nó cáis

NÁ hITH
milseáin, seacláid agus deochanna mianraí ach cúpla uair sa tseachtain

ACLAÍOCHT
idir 45 – 60 nóiméad a dhéanamh gach lá

Sláinte agus saol chugat!

1   Cad atá le déanamh go rialta?

2   Cé mhéad uisce ba cheart a ól in aghaidh an lae?

3   Scríobh síos **dhá** rud nach ceart a ithe ach cúpla uair sa tseachtain.

B

CUMANN CÚRAIM AINMHITHE
Má chailleann tú peata ainmhí

Déan teagmháil láithreach le
- Stáisiúin na nGardaí i do cheantar
- An póna áitiúil
- Na tréidlianna atá ag obair in aice leat
- Siopaí agus garáistí áitiúla
- Scoileanna

Fág an t-eolas seo i gcónaí
- Do sheoladh baile
- Uimhir theileafóin
- An t-am agus an lá a cailleadh an peata
- Grianghraf den pheata

- Iarr ar na comharsana súil a bheith amuigh acu
- Cuir glaoch ar na Gardaí agus ar an bpóna gach lá
- Croch grianghraif den pheata timpeall an cheantair

Tuilleadh eolais
Fón: 01- 3958107 nó Ríomhphost: cca@indigo.ie

---

1   Luaigh **dhá** rud atá le déanamh láithreach.

---

2   Scríobh síos **dhá** phíosa eolais atá le fágáil.

---

3   Conas is féidir tuilleadh eolais a fháil?

Junior Certificate 2005

A

Tabhair Aire Ar Na Bóithre
Cuir deireadh le timpistí

Má Thiomáineann Tú

- Ná tiomáin róthapaidh
- Caith crios suíocháin sábhála
- Ná hól alcól
- Tóg sos má bhíonn tú tuirseach
- Bí an-chúramach má bhíonn sioc nó leac oighir ar na bóithre

Má Úsáideann Tú Rothar

- Caith clogad i gcónaí
- San oíche, úsáid solas tosaigh agus cúil
- Bí cinnte go bhfuil na coscáin ag obair i gceart
- Stop ag na soilse tráchta nuair a bhíonn an solas dearg
- Ná caith cluasáin

Má Shiúlann Tú

- Caith éadaí geala   - Má tá cosán ann úsáid é

Ag dul trasna an bhóthair

Stop, féach agus éist

Téigh trasna ag soilse tráchta nó soilse coisithe más féidir

Ná siúl trasna idir carranna páirceáilte

Go dté tú slán
COMHAIRLE NÁISIÚNTA UM SHÁBHÁILTEACHT

---

1   Luaigh **dhá** rud is féidir le tiománaí a dhéanamh chun líon na dtimpistí a laghdú?

---

2   Luaigh rud **amháin** atá le déanamh ag coisithe ag dul trasna an bhóthair.

---

3   Cad ba cheart do rothaithe a chaitheamh i gcónaí?

B

An Leabharlann Áitiúil
Ar oscailt

Luan – Satharn ó 10.00 r.n. go dtí 5 i.n.
Leabhair de gach cineál ar fáil do gach aoisghrúpa

Imeachtaí suimiúla le teacht

9 Bealtaine 2005 – Taispeántas ealaíne do dhaoine óga idir
7 agus 10 mbliana d'aois

Suim agat san ealaín? Má tá beidh seans agat:
Do chuid pictiúr a thaispeáint go poiblí
Labhairt le healaíontóirí cáiliúla
Treoir agus cabhair a fháil uathu

11 Meitheamh 2005 – Ceiliúradh Scríbhneoirí agus Léitheoirí
Más maith leat an léitheoireacht bí ann

Gheobhaidh tú eolas ar leabhair nua
agus
Beidh seans agat:
- caint faoi na leabhair atá léite agat féin
- éisteacht le tuairimí léitheoirí / scríbhneoirí

---

1   Cad iad na laethanta a bhíonn an leabharlann ar oscailt?

---

2   Luaigh rud **amháin** a mbeidh seans ag daoine óga é a dhéanamh.

---

3   Cad a bheidh ar siúl ar an 11 Meitheamh 2005?

A

Tabhair cuairt ar Bhrú na Bóinne

- Ar oscailt gach lá i rith na bliana
- Tá eolas le fáil san Ionad Cuairteoirí ar oidhreacht seandálaíochta Ghleann na Bóinne
- Tosaíonn na cuairteanna go léir ar na tuamaí meigiliteacha ag an Ionad Cuairteoirí
- Turasanna treoraithe go Slí an Bhrú agus Cnóbha
- Áiseanna ar fáil:
  - Seirbhís rialta mionbhus go Slí na Bóinne agus Cnóbha
  - Leithris do dhaoine faoi mhíchumas
  - Seomra tae
  - Pointe eolais do thurasóirí

Má tá tuilleadh eolais uait scríobh chuig:

Ionad Cuairteoirí Bhrú na Bóinne

(Slí an Bhrú agus Cnóbha)

Dún Uabhair, Co na Mí

nó

Fón: (041) 9880300

1   Cathain a bhíonn Brú na Bóinne ar oscailt?

2   Cá dtosaíonn na cuairteanna ar na tuamaí meigiliteacha?

3   Luaigh **dhá** cheann de na háiseanna atá ar fáil.

B

Cumann Naomh Uinseann de Pól Díolachán Earraí

Á eagrú ag scoláirí Choláiste Naomh Eoin

Ionad agus am
Coláiste Naomh
Eoin, An Tulach Mhór
Halla an Choláiste
Satharn, 6 Nollag
1in–5in
Cead isteach
Daoine fásta €3
Scoláirí €1

Ar díol
Leabhair
Breágáin
Plandaí
Potaireacht
Cártaí Nollag
Cístí Nollag
Éadaí
Deoch

Taispeántas ealaíne agus grianghrafadóireachta
ag scoláirí agus tuismitheoirí na scoile.

Más maith leat cabhrú linn cuir glao teileafóin ar
Sheán Ó Briain – Rúnaí Chumann na nIarscoláirí
01 – 5680347

1   Cén áit sa Choláiste a mbeidh an Díolachán Earraí ar siúl?

2   Ainmnigh **dhá** rud a bheidh ar díol.

3   Cé a chuirfidh an taispeántas ealaíne agus grianghrafadóireachta
     ar siúl?

Key points to remember

- Understanding the notice: read the notice a few times to make sure you fully understand it before attempting to answer any of the questions.
- Pictures: look carefully at any pictures accompanying the *fógra* for a clue as to what the notice is about.
- Question words: make sure you learn off all the words used for asking questions in Irish before the exam

Section 3: Filíocht

●●● What you will learn in this chapter

1 Valuable tips to help you with this exam question
2 Examine sample questions and worked answers
3 Learn useful vocabulary and phrases

Exam Guidelines

- The *Filíocht* (Poetry) question is Question 2 (C) on Part 1 of the exam paper
- This question is worth 15 marks
- Students find this question difficult, but remember, you don't have to understand every word – far from it!
- Before reading the poem, have a look at the title and any picture given – it might give you an idea of what the poem is about
- Read through the poem quickly first to find any words you recognise
- Read the questions and then read the poem slowly to find the answers
- Spend 10 minutes on this question (to include doing one *fógra* question)

Points to Note

The key to getting full marks in this question is to know what you are being asked and to give just that piece of information.

Do not write out a whole verse for your answer – you will lose marks.

Look at the box below. Can you remember what all of the words mean?

Cá raibh?	Cén?
Cár?	Cathain?
Cá bhfuil?	Cén t-am?
Cad?	Conas?
Cé?	Cén fáth?

If not, don't worry. You can check the ones you've missed in section 2 (Fógraí).

Here are some key words to know when answering the poetry question.

Foclóir

An file	The poet
An dán	The poem
Véarsa	A verse
Pictiúr	A picture
Léigh	Read
Ainmnigh	Name
Luaigh	Mention
An gceapann tú?	Do you think?
Dar leat	In your opinion
I do thuairim	In your opinion
Déan cur síos	Describe

Worked example

Imrím Sacar
Póilín Ní Náraigh

Gach seachtain imrím sacar,
Sa Pháirc i nGort an Óir.
Níl sí ach cúpla míle,
Ó lár an bhaile mhóir.

Táim féin ar fhoireann láidir,
Le neart is scil is luas.
Nuair a chuirim sa chúl an liathróid,
Léimim thart le mo lámha suas.

Is mise captaen na foirne,
Mar imrím an sacar go breá.
Seans ann go mbeidh mé ag imirt,
D'Arsenal nó United aon lá.

Ceisteanna

1 Cá n-imríonn an duine seo sacar?
 Imríonn sé / sí sacar sa pháirc i nGort an Óir.

2 Cá bhfuil an pháirc?
 Tá an pháirc i nGort an Óir. Tá sé cúpla míle ó lár an bhaile mhóir.

3 Cad a dhéanann sé / sí nuair a chuireann sé / sí an liathróid sa chúl?
 Nuair a chuireann sé / sí an liathróid sa chúl, léimeann sé / sí thart lena lámha suas.

4 Cé hé / hí captaen na foirne?
 Is é / í an file captaen na foirne.

5 Má imríonn sé / sí go breá, tá seans ann go dtarlóidh rud éigin. Céard é seo?
 Má imríonn sé / sí go breá, tá seans ann go mbeidh sé / sí ag imirt d'Arsenal nó United aon lá.

Points to Note

'Imrím' means 'I play'. In your answer, you're talking about 'he / she plays' so you have to change **'imrím'** to **'imríonn sé/sí'**.

Practise

Exercise 1

Have a go at this one yourself.

Faoin Tuath
Póilín Ní Náraigh

Cónaíonn m'aintín Trixi,
I mbaile Beag na mBan.
Nuair a bhíonn **am saoire** agam, *(free time)*
Is fearr liom féin a bheith ann. *(I prefer)*

Tá sé suite amuigh faoin tuath, *(It is situated)*
Le caisleán, sliabh is coill.
Bím **ag iascach** san abhainn, *(Fishing)*
Is imrím leadóg ag an scoil.

Téim ag rothaíocht is **ag siúlóid**, *(Walking)*
Mar bíonn **an t-aer glan deas**. *(Lovely clean air)*
Bím ag snámh i **lochán** gar dom, *(A small lake)*
Mar leigheas ar ghrian is **teas**. *(As a relief), (Heat)*

Ceisteanna

1   Cá gcónaíonn Aintín Trixi?

2   Cad a dhéanann an file nuair a thugann sí cuairt ar Aintín Trixi? **(dhá rud)**

3   Tá caisleán faoin tuath. Luaigh *(mention)* **dhá** rud eile atá ann.

4   Conas mar a bhíonn an t-aer faoin tuath?

5   Cén fáth a dtéann an file ag snámh sa lochán?

Exercise 2

Na leanaí sna siopaí
An Ridire Rua

Bhí áthas ar na **leanaí**,	*(children)*
Ag dul amach sa charr.	
Bheadh lá acu sna siopaí,	
Lá a bheadh, dar leo, **thar barr**.	*(great)*
Leabhair, **irisí** is Pokemons,	*(magazines)*
Cheannaigh siad go **daor**;	*(expensive)*
Ní raibh aon **mhargadh** le feiceáil,	*(bargain)*
Ní raibh rud ar bith **an-saor**.	*(very cheap)*
D'ith siad uachtar reoite,	
Agus d'ól siad cóc, go léir,	
Sular shuigh siad síos ar shuíochán,	*(before)*
Ag féachaint ar an spéir.	
Burgair is sceallóga,	
Cheannaigh siad **go fras**;	*(freely)*
Nach raibh ocras ar an bhfoireann,	
Nár thaitin leo **an blas**?	*(the taste)*
Ar an mbealach as an **Ionad**,	*(On the way), (Centre)*
Bhí siad **traochta** thar an ngnáth,	*(worn out)*
Gan pingin rua ina bpócaí,	*(without a penny)*
Nach bhfuil a fhios agat cén fáth?	

Ceisteanna

1 Cá raibh na páistí ag dul sa chéad véarsa?

2 Cad a cheannaigh na páistí sa dara véarsa? **(trí rud)**

3 Céard a d'ith siad don lón?

4 Conas a mhothaigh siad ag deireadh an lae? *(How did they feel…?)*

5 Cén fáth nach raibh pingin rua fágtha ag na páistí?

Exercise 3

Pléisiúir an tsaoil
Póilín Ní Náraigh

Imrím **go minic** peil Ghaelach,   *(often)*
Is iománaíocht le sliotar ansin.
Rithim cúpla míle gach maidin,
Mo raidió láimhe liom féin le ceol binn.   *(my walkman)*

Bainim triail as **fón póca** atá agam,   *(mobile phone)*
Téacs-teachtaireachtaí sea cumaim go mear.   *(text messages)*
Is deas a bheith ag labhairt le mo chairde,
Faoi na **topaicí laethúla** is fearr.   *(daily news)*

Caithim tamall ag éisteacht le popcheol,
Is téim chuig an dioscó gach mí.
Féachaim ar chláracha teilifíse,
Is bainim spórt as *Play Station* le spraoi.

Ceisteanna

1 Cé na spóirt a imríonn an file? (**dhá spóirt**)

2 Cad a dhéanann an file leis an bhfón póca?

3 Cad faoi a mbíonn an file agus a cairde ag labhairt?

4 Cén sórt ceoil a thaitníonn leis an bhfile?

5 An maith léi an teilifís, dar leat? *(do you think)* Cén fath?

Exercise 4

An Phictiúrlann
An Taistealaí Tuaithe

Tá **grá** acu don phictiúrlann,   *(love)*
San ionad **gar don choill**;   *(near the forest)*
Téann siad ann Dé Domhnaigh,
Is bíonn sé **níos fearr ná scoil**.   *(better than school)*

Ceannaíonn siad cóc is milseáin,
Poparbharr, criospaí is níos mó;
Ansin **socraíonn siad síos** le chéile   *(they settle down)*
Ag féachaint ar an seó.

Is suimiúil leo an scáileán,
Na scannáin, fógraí is cartúin;
Ach ní maith leo **an dorchadas**,   *(the darkness)*
Agus **is deacair leo a bheith ciúin**.   *(it's hard for them to be quiet)*

Ceisteanna

1   Cá bhfuil an phictiúrlann?

2   Cathain a théann siad ann?

3   Cad a itheann siad sa phictiúrlann? **(dhá rud)**

4   Cad a bhíonn ar siúl sa phictiúrlann? **(trí rud)**

5   Luaigh rud **amháin** nach dtaitníonn leo. *(they don't like)*

Exercise 5

An Bhean Siúil
Mícheál Ó Conghaile

Cnag géar	*(A sharp knock)*
A rap sí ar an doras	
Ciseán ina lámh	*(a basket)*
Í ag croitheadh leis an bhfuacht	*(shaking with a cold)*
Í gléasta	*(dressed)*
Go gioblach	*(in rags)*
A gruaig fhada dhubh	
Go sliobarnach aimhréach.	*(untidy)*

Thug mé di cúpla pingin
Is bhí go haerach
Thug dom buíochas 'gus beannacht
Agus d'imigh go héasca.

Ceisteanna

1   Cad a bhí i lámh na mná?

2   Conas mar a bhí an bhean gléasta?

3   Déan cur síos ar a cuid gruaige. *(Describe)*

4   Cad a thug an file di?

5   Cad a rinne an bhean ansin?

Past exam questions

Junior Certificate 2006

....

Teilifís
(faoi m'iníon Saffron)

Ar a cúig a chlog ar maidin
Theastaigh an teilifís uaithi.
An féidir argóint le beainín
Dhá bhliain go leith?
Síos linn le chéile
Níor bhacas fiú le gléasadh
Is bhí an seomra préachta.
Gan solas fós sa spéir
Stánamar le hiontas ar scáileán bán.
Anois! Sásta?
Ach chonaic sise sneachta
Is sioráf tríd an sneachta
Is ulchabhán Artach
Ag faoileáil
Os a chionn.

Gabriel Rosenstock

Ceisteanna

1   Cad a bhí ag teastáil ó iníon an fhile?

2   Cén aois í?

3   Ainmnigh **dhá** rud a chonaic an iníon ar an teilifís.

Points to Note

Do **not** take whole verses as your answer – you will not get marks for this.

Mo Rangsa
Dónall Ó Colchúin

Tá an clárdubh ar an mballa
Is mo mhála ar an talamh
Níl mo bhuidéal cóc fós folamh,
Is tá mise istigh sa rang.
Tá na gasúir ag sioscadh
Is leaid amháin ag ithe briosca
Tá an múinteoir ag ligean osna,
Is tá mise istigh sa rang.
Tá sé beagnach a trí
Beidh saoire a'inn go ceann dhá mhí,
Tá an múinteoir criogthaí,
Is níl mise i mo rang
Mar tá mé ar mo bhealach abhaile.

Cabhair

sioscadh	cogarnach
a'inn	againn
criogthaí	traochta

Ceisteanna

1   Cá bhfuil mála an fhile?

2   Cad atá á dhéanamh ag leaid amháin?

3   Cá fhad a bheidh an rang ar saoire?

Fuaimeanna
Póilín Ní Náraigh

Chuala mé fuiseog
Ag cantain go breá,
I gceartlár na tuaithe,
Ar feadh tréimhse den lá.

Chuala mé eitleán
Le soilse aréir,
Ag gluaiseacht go tapa
Go hard sa spéir.

Chuala mé madra
Ag tafann gan stad.
I bhfad ó mo bhaile,
An oíche ar fad.

Chuala mé popcheol
Ón dioscó go mear,
Ag líonadh na sráide,
Leis na teidil is fearr.

Ceisteanna

1   Cár chuala an file an fhuiseog?

2   Cá raibh an t-eitleán?

3   Cad a bhí á dhéanamh ag an madra?

Key points to remember

- **Keywords:** read through the poem first quickly and underline any questions you understand.
- **Read the questions:** then read back over the poem for the answer.
- **Keep to the point:** understand what you are being asked and then just give that piece of information in your answer. You will lose marks by copying a paragraph straight from the text into your answer.

Section 4: Léamhthuiscint

●●● **What you will learn in this chapter**

1   Examine sample questions and worked answers
2   Practise reading sample questions and having a go at
    answering yourself
3   Learn useful tips to help you with this question in the exam

Exam Guidelines

- The *Léamhthuiscint* (Comprehension) question is Question 3
  on Part 1 of the exam paper
- You have to read two pieces and answer questions on them
- Each comprehension is worth 30 marks
- Read the questions carefully to make sure you understand what you are
  being asked
- You don't have to understand every word in the piece to answer the
  questions correctly
- Make sure to read the title and look at the picture to get an idea of what
  the piece is about
- You may take your answers from the piece but do not take whole
  paragraphs as your answer – you will lose marks
- Spend 20 minutes on this question

Le foghlaim!

POINTS TO NOTE WISE

Remember, you don't need to know every word in the piece but
you do need to know what the questions mean. Have a look at
the table below – do you remember all of these words?

Céard?	Cár?	Cárbh as?	Cá fhad?
Cad?	Cé?	Cá bhfuil?	Déan cur síos
Cá raibh?	Cén?	Cén sórt?	Cé mhéad?
Cén fáth?	Cathain?	Cén chaoi?	Cén saghas?
Conas?			

Can you remember them all? If not, don't worry – go back over
the *Fógraí* and *Filíocht* sections to find out what they mean.

Worked example

Have a look at the worked example below. The answers are marked for you in bold.

Na Grammys i Los Angeles

Oíche ollmhór í oíche na Grammys i **Los Angeles (C.1)**. Don ócáid sin, tagann daoine cáiliúla le chéile agus bíonn siad go léir ag tnúth le honóir nó dhó. Ócáid í do cheoltóirí, d'amhránaithe agus freisin do dhaoine a bhfuil suim acu i gceol is amhráin. Ní bhíonn an bua i gcónaí ag na daoine óga mar is léir ón méid a tharla i mbliana.

Sa bhlian 2004 fuair an t-amhránaí Ray Charles bás (C.2) agus ag na Grammys i 2005 bhuaigh sé an gradam – 'Albam na Bliana'. Díséid atá ag canadh ar an albam le hamhránaithe mar **Norah Jones, BB King agus Elton John. (C.3)** Níor tugadh an gradam sin d'éinne eile tar éis a bháis seachas John Lennon. Tugadh trí onóir do U2, ina measc, onóir don amhrán rac ab fhearr, ar a dtugtar 'Vertigo'. **Tá seacht gcinn déag de Grammys buaite acu anois (C.4)** agus fuair Ray Charles trí cinn déag – dosaen nuair a bhí sé beo agus ceann a bhuaigh sé tar éis a bháis.

Buaiteoirí eile i Los Angeles ab ea Alicia Keys, Usher, Joss Stone, Prince, Bruce Springsteen, Rod Stewart agus Britney Spears a bhuaigh a céad Grammy. Bhuaigh Green Day an gradam don albam rac ab fhearr ar a dtugtar **'American Idiot'. (C.5)** Bhuaigh iar-uachtarán Mheiriceá, Bill Clinton an gradam don albam leis an bhfocal labhartha ab fhearr – sé sin a bheathaisnéis 'My Life'. De ghnáth, bíonn lúcháir ar na buaiteoirí ach bíonn díomá ar na cinn nach n-éiríonn leo sa chomórtas.

Cabhair

Ócáid	An occasion
Daoine cáiliúila	Famous people
Ag tnúth le	Looking forward to
Ceoltóirí	Musicians
Amhránaithe	Singers
An bua	The win
Fuair sé bás	He died
Seachas	Except for
Ab fhearr	The best
Beathaisnéis	A biography
Bíonn lúcháir ar na buaiteoirí	The winners are happy

Ceisteanna

1   Cá raibh na Grammys ar siúl?
   Bhí na Grammys ar siúl i Los Angeles.

2   Cad a tharla sa bhlian 2004?
   Sa bhlian 2004 fuair an t-amhránaí Ray Charles bás.

3   Ainmnigh beirt a chanann ar albam Ray Charles.
   Norah Jones, BB King, Elton John. (any 2 of these)

4   Cé mhéad Grammys atá buaite ag U2 anois?
   Tá seacht gcinn déag de Grammys buaite acu anois.

5   Cad is ainm don albam atá ag Green Day?
   'American Idiot' is ainm don albam.

Practise

Exercise 1

Now have a go yourself! Read the piece below and try to answer all of the questions.

Naomh Pádraig: Aspal mór na hÉireann

Ar an seachtú lá déag de Mhárta gach bliain tagann an tír seo os comhair an domhain uilig. Lá 'le Pádraig é agus ní dhéanann Éireannaigh dearmad air sin. Bíonn ceiliúradh ar siúl, mar shampla, i gcathracha agus i mbailte móra i Meiriceá, i gCeanada, san Astráil, san Eoraip agus in áiteanna eile freisin. Glacann na mílte páirt sna paráidí agus caitheann siad seamróg.

I Nua-Eabhrac sna Stáit Aontaithe bíonn paráid an-mhór a théann síos Ascail a Cúig áit a bhfuil Ardeaglais Naomh Pádraig. Sa bhaile, i mBaile Átha Cliath bíonn Féile speisialta eagraithe gach bliain a leanann ar aghaidh ar feadh seachtaine agus ar Lá 'le Pádraig tagann na sluaite amach don pharáid. Is iontach an t-atmaisféar i lár na cathrach mar a mbíonn bannaí ceoil ag seinm ó thíortha éagsúla, brait i ngach áit agus cuairteoirí ó chian is ó chóngar.

Is é Naomh Pádraig Aspal Mór na hÉireann, Pátrún na tíre, agus ar lá Fhéile Pádraig smaoiníonn muintir na hÉireann ar a chuid oibre sa tír, ar a thurais agus ar na háiteanna speisialta inar leag sé a chosa fadó, mar shampla, Cruach Phádraig in aice le Cathair na Mart i gCo. Maigh Eo agus Loch Deirg i gCo. Dhún na nGall.

Ar Lá 'le Pádraig bíonn an domhan níos glaise ná ar aon lá eile i rith na bliana. Bíonn sráideanna le línte glasa le feiceáil, go mórmhór i Meiriceá. Bíonn deochanna glasa le fáil sna pubanna agus éadaí glasa á gcaitheamh ag a lán, ó mhaidin go hoíche. Ní haon ionadh go mbíonn Éireannaigh bródúil ar Lá 'le Pádraig mar gurbh é Pádraig Naofa a thug dúinn an Fíor-Chreideamh, na blianta fada ó shin.

Points to Note

Take note of what tense is used in the question, and make sure you use the same tense in your answer eg:

Cad a bhíonn ar siúl?   **Bíonn paráid ar siúl**
Cad a dhéanann na daoine?   **Déanann siad...**

Cabhair

Aspal mór na hÉireann	The great Saint of Ireland
Ceiliúradh	Celebration
Paráidí	Parades
Féile	A festival
Sluaite	Crowds
Lár na cathrach	The city centre
Ó thíortha éagsúla	From various countries
Ó chian is ó chóngar	From near and far
A chuid oibre	His work
Bíonn an domhan níos glaise	The world is greener
Deochanna	Drinks
An Fíor-Chreideamh	The true faith

Ceisteanna

1   Cad a tharlaíonn ar an seachtú lá déag de Mhárta gach bliain?

2   Cá mbíonn an ceiliúradh ar siúl?

3   Luaigh **dhá rud** a dhéanann daoine ar an lá seo.

4   Cén dath atá le feiceáil go forleathan ar an lá seo?

5   Cén fáth a mbíonn Éireannaigh bródúil ar Lá 'le Pádraig?

Exercise 2

Na Thrills ar an mBóthar

Chuala tú faoin ngrúpa ceoil ar a dtugtar 'Na Thrills'. Tá ag eirí thar barr leo i láthair na huaire. Is as Baile Átha Cliath iad agus canann an grúpa amhráin a chan grúpaí cosúil leis na Beach Boys na blianta ó shin. An teideal a bhí ar an gcéad albam a rinne an grúpa ná 'So much for the city' agus singil a bhí ann ná 'Santa Cruz

(You're Not That Far)' agus 'Big Surf'. Bheadh na Beach Boys an-bhródúil as an 'surf pop' san albam sin. Tháinig an cnuasach sin amach sa bhlian 2003.

Bhí cuid mhaith scríofa sna páipéir agus sna hirisí faoin albam ag moladh na n-amhrán agus mar gheall air sin, d'fhás clú agus cáil na Thrills. Cheannaigh a lán daoine albam an ghrúpa sna siopaí agus bhí an t-airgead ag stealladh isteach. Dá bharr sin, shocraigh an grúpa go ndéanfaidís albam eile.

Tháinig an dara halbam amach sa bhlian 2004 ar a dtugtar 'Let's Bottle Bohemia'. Ar an ocáid seo, bhí an pobal sásta arís leis an iarracht agus rud an-tábhachtach, bhí na léirmheastóirí sásta leis freisin. Singil a bhí ar an albam ná 'Whatever Happened to Corey Haim?' agus 'Not For All The Love In The World'.

Tá ceolchoirmeacha déanta ag Na Thrills sa bhaile agus go mórmhór i Sasana agus thug siad tacaíocht do na Pixies sna Stáit Aontaithe freisin. Cúigear ar fad atá sa ghrúpa.

Ceisteanna

1 Cárbh as don ghrúpa?

2 Cathain a tháinig an chéad albam amach?

3 Cathain a tháinig an dara halbam amach?

4 Cad a cheap daoine faoin albam?

5 Cá bhfuil ceolchoirmeacha déanta acu?

Past exam questions

Junior Certificate 2006 - Comprehension 1

Eoin Pól II

Rugadh an Pápa Eoin Pól II ar an 18 Bealtaine1920 i mbaile Wadowice sa Pholainn. Karol Wojtyla ab ainm dó. Bhí a athair san arm. Fuair a mháthair bás nuair a bhí sé ina bhuachaill óg. Dá bharr sin d'éirigh sé féin agus a athair an-chairdiúil lena chéile. Thosaigh sé a chuid scolaíochta sa bhunscoil áitiúil nuair a bhí sé seacht mbliana d'aois. Ba scoláire den scoth é. Bhí sé go maith ag an sport leis agus ba bhreá leis peil, sléibhteoireacht agus sciáil. Thaitin an aisteoireacht agus an scríbhneoireacht go mór leis chomh maith. Sa bhliain 1946 foilsíodh leabhar filíochta, *Songs of the Hidden God*, a scríobh sé. Nuair a toghadh é ina Phápa sa bhliain 1978 ba é an chéad Phápa nárbh Iodálach é le 456 bliain. Tháinig sé ar cuairt go hÉirinn i 1979. Bhailigh níos mó ná milliún duine le chéile i bPáirc an Fhionnuisce chun fáilte a chur roimhe. Ní dhéanfaidh aon duine a bhí i láthair dearmad riamh ar an ócáid iontach sin. Bhí an-ghrá aige do dhaoine óga agus acusan dó. Chuir óige na tíre céad míle fáilte roimhe i nGaillimh le linn dó a bheith in Éirinn. Chuaigh sé chuig 104 tír ar fud an domhain agus meastar gur bhuail sé go pearsanta le 17 milliún duine. Nuair a bhí sé ag fáil bháis anuraidh bhailigh daoine óga ina mílte, ó thíortha ar fud an domhain, sa Róimh chun an meas a bhí acu air a thaispeáint.

1   Cár rugadh an Pápa Eoin Pól II?

2   Scríobh síos **dhá** spórt a thaitin leis.

3   Cé mhéad duine a bhí i láthair i bPáirc an Fhionnuisce?

4   Cár bhuail sé le daoine óga na hÉireann?

5   Conas a thaispeáin na daoine óga an meas a bhí acu air nuair a bhí sé ag fáil bháis?

Mionmharatón na mBan

Cuireadh tús le Mionmharatón na mBan i1983. Rás deich gciliméadar timpeall chathair Bhaile Átha Cliath atá ann. Tá breis is leathmhilliún ban de gach aois agus cúlra tar éis páirt a ghlacadh sa mharatón cáiliúil seo ó 1983 i leith. Níl aon amhras ach go mbaineann na mná an-taitneamh as an lá. Slí iontach dóibh chun iad féin a dhéanamh aclaí is ea an traenáil a dhéanann siad don rás. Ach ní gá traenáil dhian a dhéanamh. Braitheann sé sin ar an duine féin. Is féidir rith nó siúl sa rás. Faigheann gach duine a chríochnaíonn na deich gciliméadar bonn agus ribín. Ceann de na príomhaidhmeanna atá ag an mionmharatón ná airgead a bhailiú do chumainn charthanachta. Tugann gach duine a ghlacann páirt ann tacaíocht do chumann carthanachta éigin. Sa bhliain 2004 bailíodh os cionn €9 milliún. Ó thosaigh an rás tá os cionn €75 milliún bailithe. Ritheann reathaithe cáiliúla cosúil le Sonia O'Sullivan, Catherina McKiernan agus Pauline Curley sa mharatón gach bliain. Thar na blianta thóg polaiteoirí, iriseoirí agus daoine eile a raibh aithne mhaith ag an bpobal orthu páirt ann leis. Chomh maith leis sin ritheann mná ó thíortha ar fud an domhain sa rás gach bliain. Rinneadh aithris leis ar an rás in a lán cathracha eile: Londain, Learpholl, Glascú agus Oslo ina measc.

1   Cén áit a mbíonn Mionmharatón na mBan ar siúl in Éirinn?

2   Cad a fhaigheann gach duine a chríochnaíonn an rás?

3   Cé mhéad airgid a bailíodh i 2004 do chumainn charthanachta?

4   Ainmnigh **beirt** reathaithe a ghlac páirt sa mharatón.

5   Ainmnigh **dhá** chathair i dtíortha eile a mbíonn maratón ar siúl iontu.

MV DOULOS

Tógadh an long MV Doulos sa bhliain 1914. Mar sin tá sí aon bhliain is nócha d'aois i mbliana – dhá bhliain níos óige ná an Titanic. Ba long iompair í i dtosach ach is long phaisinéirí í le fada anois. Tá criú de thrí chéad is fiche duine óg as cúig thír is daichead ar bord. Deirtear go bhfuil an siopa leabhar is mó ar long ar bith ar domhan ar an MV Doulos.

Ón mbliain 1978 thug seacht milliún duine dhéag as ceithre thír is nócha cuairt uirthi. Tá an criú sásta an obair a dhéanamh gan aon phá. Nuair a bhíonn siad i bport ar bith tugann siad cuairt ar áiteanna cosúil le príosúin, ospidéil agus scoileanna. Bíonn a lán imeachtaí ar siúl ar bord na loinge agus is féidir leis an bpobal dul chucu.

I Mí na Bealtaine anuraidh bhí an MV Doulos i bport Bhaile Átha Cliath. Bhí taispeántais ealaíne, margadh bia agus a lán rudaí eile le feiceáil ar bord.

Chomh maith leis sin chuir criú an MV Doulos ceolchoirm ar siúl san RDS. Tugadh 20% den airgead a bailíodh ag an gceolchoirm do *Focus Ireland* a chabhraíonn le daoine gan dídean, is é sin, daoine nach bhfuil áit bhuan chónaithe acu.

1   Cén sórt loinge í an MV Doulos anois?

2   Cé mhéad duine a thug cuairt ar an long ó 1978 i leith?

3   Ainmnigh áit **amháin** a dtugann an criú cuairt uirthi nuair a bhíonn siad i bport ar bith.

4   Cathain a bhí an MV Doulos i mBaile Átha Cliath?

5   Cé a fuair cuid den airgead a bailíodh ag an gceolchoirm san RDS?

Comprehension 2

Pierce Brosnan / 007

Chaith Pierce Brosnan, a bhfuil aithne níos fearr air na laethanta seo mar 007 nó James Bond, a óige in Éirinn. Bhí sé ina chónaí lena sheanathair is a sheanmháthair go dtí go raibh sé aon bhliain déag d'aois. Ansin chuaigh sé chun cónaithe ar feadh tamaill lena mháthair a bhí ag obair mar bhanaltra i Sasana. D'éirigh sé as an scoil nuair a bhí sé cúig bliana déag d'aois. Bhí sé ina iteoir tine ar feadh tréimhse!

Rinne sé traenáil ansin mar aisteoir san Ionad Drámaíochta i Londain. Thosaigh sé ag obair ar chúl stáitse i dtosach agus ansin mar aisteoir i Londain. I 1981 d'imigh sé go Meiriceá agus bhí an pháirt mar Remington Steele aige sa chlár teilifíse dar teideal *Remington Steele*. Thaitin an clár go mór leis an bpobal i dtosach agus bhí Pierce ina réalta. Ach tar éis trí nó ceithre bliana cuireadh deireadh leis toisc nach raibh go leor daoine ag féachaint air. Ghlac Brosnan páirt ansin i gcúpla scannán – *Nomads* i 1986 agus *The Fourth Protocol* i 1987.

Ach deich mbliana tar éis deireadh a chur leis an gclár Remington Steele fuair sé an ról mar 007 sa scannán *Goldeneye*. Thuill an scannán seo os cionn $350 milliún. Bhí sé ina réalta mhór anois gan dabht!

1   Cár chaith Pierce Brosnan a óige?

2   Cén tslí bheatha a bhí ag a mháthair?

3   Cá ndearna sé traenáil mar aisteoir?

4   Cén fáth ar cuireadh deireadh leis an gclár *Remington Steele*?

5   Cén scannán a rinne réalta mhór de?

Arnold Schwarzenegger

Duine an-suimiúil is ea Arnold Schwarzenegger. Cé go bhfuil sé an-saibhir anois, i dtús a shaoil bhí sé an-bhocht. Rugadh é i 1947 i mbaile Graz san Ostair. Bhí a mhuintir chomh bocht sin nach mbíodh bia maith folláin le n-ithe acu go minic.

Ba mhaith leis a bheith chomh láidir lena athair agus mar sin bhí suim aige i neart coirp ó bhí sé ina dhéagóir. Nuair a bhí sé san arm fuair sé bia maith agus chabhraigh sin go mór leis chun a neart a mhéadú go mór. Ag an am céanna lean sé ar aghaidh ag traenáil chun a chorp a dhéanamh níos láidre. Bhuaigh sé na comórtais Mr Universe Junior agus Mr Olympia.

D'éirigh leis páirt a fháil sa scannán *Pumping Iron*. Ghlac sé páirt in a lán scannán eile ina dhiaidh sin. Ach is é an scannán *The Terminator* a thuill clú is cáil dó agus a rinne réalta scannán mhór de.

Is fear gnó an-mhaith é Arnold leis. Tá árais ghleacaíochta, siopaí, tithe agus bialanna aige. Tá an-chlú ar a bhialanna a bhfuil an t-ainm *Planet Hollywood* orthu. Tá ceann de na bialanna seo ar Fhaiche Stiofáin i mBaile Átha Cliath. Bhí sé i mBaile Átha Cliath ag na Cluichí Oilimpeacha Speisialta anuraidh.

Ach níor leor d'Arnold a bheith ina réalta scannán agus ina fhear gnó mar gur polaiteoir é anois agus toghadh é mar Ghobharnóir i gCalifornia.

1   Cár rugadh Arnold?

2   Cá bhfuair sé bia maith i dtosach?

3   Cén scannán a rinne réalta scannán mhór de?

4   Cén áit i mBaile Átha Cliath a bhfuil a bhialann *Planet Hollywood*?

5   Cén post atá aige anois?

Comprehension 2

Fungi – 20 Bliain ag Pramsáil

Tá an deilf cháiliúil i mbéal Chuan an Daingin. Tagann na mílte cuairteoir go dtí an áit chun é a fheiceáil.

Tá cáil chomh mór sin ar Fungi anois go bhfuil leabhair scríofa faoi agus grianghraif agus fístéipeanna de scaipthe ar fud an domhain.

Thug Pádraig Firtéar, coimeádaí teach solais i mbéal Chuan an Daingin, an deilf faoi deara i dtosach 1983. Chonaic sé Fungi ag leanúint na mbád isteach ó bhéal an chuain.

De bharr na teagmhála a bhí ag daoine cosúil le Sheila Stokes agus Brian Holmes leis an ainmhí thosaigh sé ag cur spéise i ndaoine, go háirithe mná, agus ag éirí cairdiúil leo. Bhaist iascairí an Daingin 'Fungi' air i ndiaidh duine de na hiascairí a raibh féasóg ag teacht air toisc nár bhearr sé é féin le seachtain roimhe sin.

Go minic léimeann sé amach as an uisce chomh hard leis an gcábán ar chuid de na báid. Tagann sé i ngiorracht do beagnach gach bád a bhíonn ag seoladh isteach is amach as an gcuan. Cúpla uair ceapadh go raibh Fungi imithe ach tháinig sé ar ais arís gach uair. Meánn sé timpeall 500 punt agus tá sé timpeall 13 throigh ar fad. Is minic a fheictear é ag breith ar éisc i mbéal an chuain.

Bunaithe ar alt as Foinse

1   Cá bhfuil Fungi le fiche bliain?

2   Cathain a chonaic Pádraig Firtéar Fungi i dtosach?

3   Cad a bhí ar siúl ag Fungi nuair a chonaic Pádraig Firtéar é?

4   Scríobh síos rud amháin a dhéanann Fungi nuair a bhíonn bád in aice leis.

5   Cad a itheann Fungi?

Key points to remember

- **Understand what you are being asked:** read the questions carefully to make sure you understand exactly what you are being asked.
- **Pictures:** take a look at the picture that accompanies the text for a clue as to what the comprehension is about.
- **Stick to the point:** don't repeat full paragraphs from the text in your answer. This indicates to the examiner that you don't fully understand what you are being asked.

Section 5: Cárta Poist

●●●● What you will learn in this chapter

1   The format for writing a postcard and useful greetings and vocabulary to help you in the exam
2   Examine sample questions and worked answers
3   Learn useful tips that will help you do well in this question

Exam Guidelines

- The *Cárta Poist* (Postcard) question is Question 1, Part (A) on Part 2 of the exam paper
- You have a choice between the *Cárta Poist* and the *Nóta* (Note)
- The *Cárta Poist* is worth 25 marks
- Spend 10 minutes on this question
- You are asked to write a postcard while on holiday somewhere either in Ireland or abroad
- You are given a number of points that you must include in your postcard (e.g. weather, food, people, when you'll be home, etc.)
  Make sure you mention all of the points asked
- There is a space provided on the exam paper for the postcard. Lay out the card neatly and clearly

You are usually asked to write a postcard from:

(1)   A holiday in Ireland – laethanta saoire áit éigin in Éirinn
(2)   A holiday / trip abroad – laethanta saoire / turas i dtír éigin eile / thar lear
(3)   The Irish college / An Ghaeltacht – coláiste Gaeilge

These topics will be dealt with separately further on in this section.
Before this we'll look at the basics that can be used for any postcard.

Vocabulary to learn

Every postcard has the same layout.

> *Address of place from where you're writing, Date*

Beannú, (A Liam / A Nóra …)
Conas atá cúrsaí i _____?
(Put the place where this person lives in here)
Conas atá tú / sibh?

> *The address of the person to whom you're writing goes on these few lines. You can make up an address but be sure to have it in Irish.*

> *Here you put the points you are asked to mention – here are a few examples*

eg: 3 Bóthar an Rí
Co. na Mí

Cá bhfuil tú – *Where you are*
Cad atá ar siúl agat – *What you are doing*
Conas a bhí an turas – *How the journey was*
Conas atá an áit / an aimsir / na daoine – *How the place is / the weather / the people*
Cathain a bheidh tú ag filleadh – *When you will be returning*
Go dtí sin,
slán,
Máire

Before we look at the different types of postcards, have a look at the following questions and vocabulary – these can be used for any postcard.

Foclóir

Beannú	Greeting
A Liam / A Phóil / A Mháire A Mham / A Dhaid	Dear Liam / Paul / Mary / Mum / Dad
Conas atá gach duine?	How is everyone?
Conas atá cúrsaí sa bhaile?	How are things at home?
Tá súil agam go bhfuil tú / sibh go maith	I hope that you are well

Foclóir

Cá bhfuil tú?	Where are you?
Tá mé ar saoire i _____	I'm on holiday in_____
Tá mé ar thuras scoile anseo i _____	I'm here on a school trip in _____
Tá mé i gcoláiste Gaeilge anseo i _____	I'm in Irish college here in _____
Tá mé ar chúrsa sa Ghaeltacht	I'm on a course in the Gaeltacht
Tá mé ag scríobh chugat ó _____	I'm writing to you from _____
Cá fhad?	**How long?**
Tá mé anseo le seachtain anois	I've been here for a week now
Tá mé anseo le coicís anois	I've been here for a fortnight now
Beidh mé anseo seachtain eile	I'll be here for another week
Beidh mé anseo coicís eile	I'll be here for another two weeks
Conas a bhí an turas / an t-aistear?	**How was the journey?**
Bhí an turas go hiontach / ceart go leor / uafásach / tuirsiúil	The journey was great / alright / terrible / tiring
Tháinig mé ar an mbus / eitleán / traein / mbád / sa charr	I came on the bus / plane / train / boat / in the car

Foclóir

Conas atá an aimsir?	How is the weather?
Tá an aimsir…ar fheabhas / ceart go leor / thar cionn / go dona / go huafásach / go hainnis	The weather is … brilliant / alright / excellent / bad / terrible /miserable
Tá an ghrian ag scoilteadh na gcloch	The sun is splitting the rocks
Tá an ghrian ag spalpadh anuas orainn	The sun is shining down on us
Tá sé an-te / fhuar / ghaofar / stoirmiúil / scamallach	It's very hot / cold / windy / stormy / cloudy
Tá sé ag cur sneachta / ag stealladh báistí	It's snowing / spilling rain
Tá mé marbh ag an teas	I'm killed with the heat
Tá mé préachta leis an bhfuacht	I'm frozen with the cold
Tá mé dóite ag an ngrian / cosúil le tráta	I'm burnt by the sun / like a tomato

Conas atá na daoine?	How are the people?
Tá na daoine an-chairdiúil / eascairdiúil	The people are very friendly / unfriendly

Conas atá an bia?	How is the food?
Tá an bia blasta / go maith / ceart go leor / uafásach / difriúil	The food is tasty / good / alright / awful / different

Cathain a bheidh tú ag filleadh abhaile?	When will you be returning home?
Beidh mé ag filleadh abhaile an tseachtain seo chugainn	I'll be home next week
Feicfidh mé thú an tseachtain seo chugainn	I'll see you next week
Go dtí sin, slán	Until then, bye

1. Laethanta saoire in Éirinn / A holiday in Ireland

Le fóghlaim

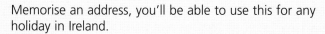

Memorise an address, you'll be able to use this for any holiday in Ireland.

Trá Mhór	**An Spidéal**
Co. Phort Láirge	**Co. na Gaillimhe**
Bóthar Naomh Áine	**Bóthar na Trá**
Sligeach	**Loch Garman**

Foclóir

Cá bhfuil tú?	**Where are you?**
Cad atá ar siúl agat?	**What are you doing?**
Tá mé ar thuras scoile	I'm on a school trip
Tá mé ag campáil / ag obair / ag fanacht le m'aintín / ar fheirm m'uncail / i mbrú óige le mo rang	I'm camping / working / staying with my aunt / on my uncle's farm/ in a youth hostel with my class
Tá an teach cúpla míle ón trá / ón mbaile mór	The house is a few miles from the beach / the town
Tá mé ag fanacht in óstán	I'm staying in a hotel
Cad a dhéanann tú gach lá?	**What do you do everyday?**
Caithim mo chuid ama …	I spend my time
Téim / Téimid	I go / We go
Ag snámh / ag siúl sna sléibhte / ag rothaíocht / ag imirt peile / ag léamh / ag siopadóireacht	Swimming / walking in the mountains /cycling / playing football / reading / shopping
Cad a rinne tú le déanaí?	**What did you do recently?**
Bhí dioscó / cluiche / dráma / ceolchoirm / cóisir aréir	There was a disco / game / drama /concert / party last night
Bhí lá spóirt againn	We had a sport's day
Chuamar ar thuras lae	We went on a day trip
Chuamar ag siopadóireacht agus cheannaigh mé bronntanas duit	We went shopping and I bought you a present
Téip le _____ / Leabhar le _____	A tape of _____ / A book by _____
Chaill mé m'airgead	I lost my money

Worked example

Tá tú ar saoire le do chara in áit éigin in Éirinn. Scríobh cárta poist abhaile.

Luaigh na pointí seo a leanas ar an gcárta:
1   Cá bhfuil tú ar saoire / Cé atá in éineacht leat
2   Conas mar a bhí an turas
3   Cá bhfuil sibh ag fanacht. Rud amháin faoin áit
4   An aimsir
5   Cathain a bheidh tú ag teacht abhaile

Trá Mhór, Co. Phort Láirge
3 Meitheamh

A Mham agus a Dhaid dhil,
Conas atá cúrsaí sa bhaile? *(1)* Táim ag scríobh chugaibh ón Trá Mhór. Tá mo chara Máire in éineacht liom. *(2)* Bhí an turas ar an mbus tuirsiúil ach tá mé ceart go leor anois. *(3)* Tá mé ag fanacht i dteach beag cois trá le Máire. Tá an teach an-bheag ach tá sé compordach. *(4)* Tá an aimsir ar fheabhas, tá an ghrian ag scoilteadh na gcloch agus táim cosúil le tráta! Caithim gach lá ag luí faoin ngrian. *(5)* Beidh mé ag filleadh abhaile an tseachtain seo chugainn.

Go dtí sin,
slán,
Áine

5 Bóthar Ard,
An Pasáiste,
Corcaigh

Practise

Exercise 1

Líon na bearnaí / Fill in the blanks

> • thuras scoile • mé • cheannaigh • hálainn • chara • ar ais • grá • siúl
> • duit • feicfidh • trá • ghrian • maidin • aimsir • na gcloch • snámh

Bóthar Naomh Áine, Sligeach
3 Meitheamh

A Shíle, a _____,
Beannachtaí ó Shligeach! Tá mé anseo ar
_____ _____ le mo rang. Táimid
ag campáil cúpla míle ón _____. Tá an
_____ ar fheabhas, tá an _____ ag scoil-
teadh ____ _____, tá _____ cosúil le tráta!
Gach _____, téimid ag _____ san
fharraige agus um thráthnóna téimid ag
_____ sna sléibhte nó isteach sa bhaile mhór.
_____ mé bronntanas beag _____ –
t-léine ghorm. Tá sé go _____. Beidh mé ____
_____ an tseachtain seo chugainn, _____
mé thú ansin,

slán,

le _____,

Áine

10 Ascail Naomh Eoin,
Luimneach

Exercise 2

Tá tú ar saoire ar fheirm d'uncail. Scríobh cárta poist abhaile.

Luaigh na pointí seo a leanas:
- An turas
- Rud amháin faoin áit
- An aimsir
- Na rudaí a dhéanann tú gach lá
- Cathain a bheidh tú ag filleadh abhaile

Cabhair

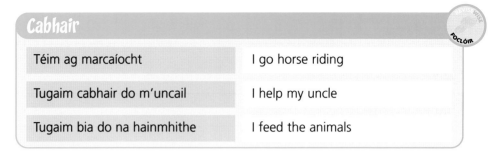

Téim ag marcaíocht	I go horse riding
Tugaim cabhair do m'uncail	I help my uncle
Tugaim bia do na hainmhithe	I feed the animals

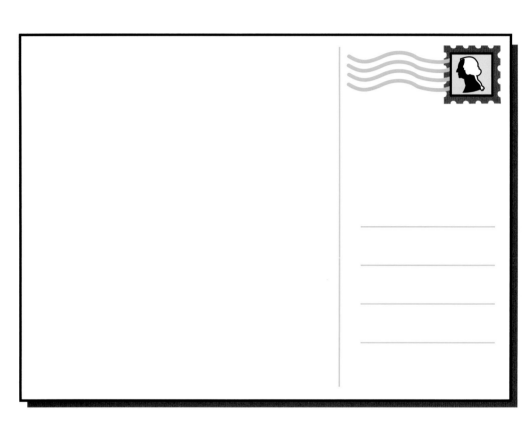

Points to Note

When writing your postcard, tick off each of the points in the questions as you include them. This way you won't leave any out. Adding in extra, relevant information is all well and good, but it won't gain you any extra marks if you leave out an important point asked for in the question.

Exercise 3

Tá tú ar thuras scoile i mBaile Átha Cliath. Scríobh cárta poist abhaile.

Luaigh na pointí seo a leanas:
- An turas ar an mbus
- An béile a bhí agat
- Na siopaí agus rud éigin a cheannaigh tú
- Rud éigin greannmhar a tharla
- Cén uair a bheidh tú ag filleadh abhaile

2. Laethanta saoire thar lear / i dtír éigin eile / A holiday abroad

Le foghlaim

Again, learn off an address abroad:

Malaga,
An Spáinn

Nice,
An Fhrainc

Foclóir

Cá bhfuil tú?	Where are you?
Beannachtaí ón Spáinn / ón bhFrainc / ón Iodáil / ón nGearmáin / ó Mheirceá / ó Shasana	Greetings from Spain / from France / from Italy / from Germany / from America / from England
Tá mo theaghlach in éineacht liom	My family is with me
Táimid ag fanacht in ionad saoire / in ionad campála / in óstán	We're staying in a holiday resort / in a campsite / in a hotel

Ar bhuail tú le haon duine?	Have you met anyone?
Bhuail mé le buachaill ar an trá	I met a boy on the beach
Bhuail mé le cailín ag an dioscó	I met a girl at the disco
Paolo is ainm dó / Maria is ainm di	His name is Paolo / Her name is Maria
Chas mé le beirt chailíní ó Bhaile Átha Cliath	I met two girls from Dublin
Tá sé / sí / siad an-chairdiúil	He / She / They are very friendly

Conas atá an áit?	What's the place like?
Is breá liom an áit	I love the place
Is fuath liom an áit	I hate the place
Tá an áit plódaithe le turasóirí	The place is packed with tourists
Tá an áit fíor-álainn	The place is really lovely
Tá a lán le déanamh anseo	There's lots to do here
Níl aon rud le déanamh anseo	There's nothing to do here

Worked example

Tá tú ar saoire sa Fhrainc le teaghlach do charad. Tá sibh ag campáil. Scríobh cárta poist abhaile.

Luaigh na pointí seo a leanas:
1   An turas
2   An aimsir
3   Céard a dhéanann tú gach lá
4   An bia sa Fhrainc
5   Cathain a bheidh tú sa bhaile

Nice, An Fhrainc
5 Lúnasa

A Mham agus a Dhaid dhil,
Beannachtaí ó Nice! Conas atá gach duine sa bhaile?
(1) Bhí an turas ar an eitleán ceart go leor agus tá an
áit seo go hiontach. *(2)* Tá an aimsir ar fheabhas. Bhí
sé ag cur báistí ar an gcéad lá ach anois tá an ghrian
ag scoilteadh na gcloch – tá mé cosúil le tráta! *(3)*
Gach maidin téimid ag snámh san fharraige agus um
thráthnóna **tugaimid cuairt ar áit éigin shuimiúil** nó
téimid amach ag siúl sna sléibhte. *(4)* Is maith liom
gach rud – **seachas** an bia, tá sé uafásach! *(5)*
Caithfidh mé imeacht anois, beidh mé ar ais Dé Luain
seo chugainn – feicfidh mé sibh ansin.

Slán,
le grá,
Pól

5 Bóthar Naomh Áine,
Sligeach

Cabhair

Tugaimid cuairt ar	We visit
Áit éigin shuimiúil	Somewhere interesting
Seachas	Apart from

Points to Note

Most *réamhfhocail* + 'an' take an *urú*, e.g.

ag an – ag an mbuachall
ar an – ar an mbealach
as an – as an bhfarraige
leis an – leis an bhfuacht
roimh an – roimh an gceolchoirm
thar an – thar an mballa
tríd an – tríd an bhfuinneog
faoin – faoin mbord
ón – ón gcathair

Practise

Exercise 1

Líon na bearnaí.

> • Spáinn • ceart go leor • Conas • aimsir • maidin • Beidh • cúig
> • turas • thú • snámha • faoin • fheabhas • bronntanas • chugainn
> • gcloch • fharraige

> Malaga, An Spáinn
> 22 Meitheamh
>
> A Sheáin, a chara,
> _____ atá cúrsaí sa bhaile? Tá mé anseo sa
> _____ le seachtain anois agus is iontach an áit í.
> Bhí an _____ ar an eitleán _____ ____
> _____. Táimid ag fanacht in óstán atá suite _____
> nóiméad ón trá. Óstán an-mhór atá ann, tá linn
> _____ agus cúirteanna leadóige ann freisin. Tá an
> _____ ar _____, tá an ghrian ag scoilteadh na
> _____. Gach _____, téim ag snámh san
> _____ agus um thráthnóna, luím _____
> ngrian nó téim isteach sa bhaile mór. Cheannaigh mé
> _____ beag duit inné – tá sé go hálainn.
> _____ mé ag filleadh abhaile an deireadh
> seachtaine seo _____, feicfidh mé _____ ansin.
>
> Do chara buan,
> Sinéad
>
> 6 Bóthar na Trá,
> Loch Garman

Exercise 2

Tá tú ar do laethanta saoire in árasán sa Spáinn. Scríobh cárta poist abhaile.

Luaigh na pointí seo a leanas:
- An turas san eitleán agus an eagla a bhí ort
- An aimsir
- Cara nua atá agat
- Conas a chaitheann tú do chuid ama
- Rud éigin nach maith leat faoin áit
- Cathain a bheidh tú sa bhaile

3. An coláiste Gaeilge
The Irish college / An Ghaeltacht

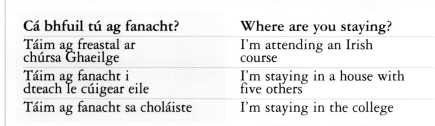

Le foghlaim

Learn off an address for the Gaeltacht

Ros Muc	**Rath Cairn**	**An Spidéal**
Co. na Gaillimhe	**Co. na Mí**	**Co. na Gaillimhe**
An Daingean	**An Rinn**	**Coláiste Naomh Eoin**
Co. Chiarraí	**Port Láirge**	**Co. Dhún na nGall**

Foclóir

Cá bhfuil tú ag fanacht?	Where are you staying?
Táim ag freastal ar chúrsa Ghaeilge	I'm attending an Irish course
Táim ag fanacht i dteach le cúigear eile	I'm staying in a house with five others
Táim ag fanacht sa choláiste	I'm staying in the college

71

Foclóir

Bean Uí Chathasaigh is ainm do bhean an tí	The lady who owns the house is called Mrs Casey
Tá sí go deas / lách / cairdiúil / cineálta / aisteach / cantalach / crosta / dian	She is nice / decent / friendly / kind / strange / cranky / cross / strict

Conas atá an áit?	**How is the place?**
Seanteach atá ann	It's an old house
Teach nua atá ann	It's a new house
Tá sé breá compordach / ag titim as a chéile	It's nice and comfortable / it's falling apart
Tá an coláiste an-mhór / seanfhaiseanta / nua-aimseartha / an-ghlan / an-salach	The college is very big / old fashioned / modern / very clean / very dirty
Tá sé suite deich nóiméad ón mbaile mór / ón gcathair / ón trá / ó na siopaí / ó na sléibhte	It is ten minutes from the town / city / beach / shops / mountains

Cad a dhéanann tú?	**What do you do?**
Bíonn ranganna againn gach lá	We have classes every day
Leanann na ranganna ar aghaidh óna deich go dtí a dó	The classes go on from ten to two
Imrímid gach sórt spóirt	We play every kind of sport
Tá seomraí cluichí / linn snámha / cúirteanna leadóige / cúirteanna cispheile / páirc peile ann	There is a games room / a swimming pool / tennis courts / basketball courts / a football pitch
Bíonn céilí / dioscó ar siúl gach oíche	There is a céilí / disco on every evening
Bíonn an-spórt / an spraoi / an-chraic againn	We have great fun

Conas atá na daoine eile?	**How are the other people?**
Tá gach duine go deas	Everyone is lovely
Na daltaí eile	The other students
Tá gach duine ar an aois chéanna liomsa	Everyone is the same age as me
Tá a lán cairde déanta agam	I've made a lot of friends
Tá daoine anseo ó gach áit sa tír	There are people here from all over the country

Na rialacha	**The rules**
Níl cead Béarla a labhairt / tobac a chaitheamh	We are not allowed to speak English / to smoke
Tá feabhas iontach tagtha ar mo chuid Gaeilge	My Irish has improved greatly

Worked example

Tá tú ar chúrsa sa Ghaeltacht. Scríobh cárta poist abhaile.

Luaigh na pointí seo a leanas:

1   An turas sa bhus
2   Rud amháin faoin áit ina bhfuil tú ag fanacht
3   Cúpla rud faoi bhean an tí
4   Cúpla rud faoin gcoláiste agus faoi na ranganna
5   Céard a bhíonn ar siúl san oíche
6   Cathain a bheidh tú ag filleadh abhaile

An Spidéal, Co. na Gaillimhe
4 Lúnasa

A Mham agus a Dhaid dhil,
Conas atá gach duine sa bhaile? (1) Bhí an turas ar an
mbus uafásach – bhí sé ag stealladh báistí an t-am ar fad,
ach tá mé anseo sa Spidéal le seachtain anois agus is breá
liom an áit. (2) Tá mé ag fanacht i dteach le cúigear
eile – triúr cailíní agus beirt bhuachaillí. Tá siad go léir
ar an aois chéanna liomsa agus réitím go maith leo.
(3) Tá bean an tí an-chrosta ar fad, Bean Uí Chathasaigh
is ainm di. Bíonn sí i gcónaí ag tabhairt amach dúinn.
(4) Tá an coláiste an-mhór agus an-sean, tá sé ag titim
as a chéile! Bíonn ranganna againn óna deich ar maidin
go dtí a dó a chlog um thráthnóna. Bíonn an-spórt againn
sna ranganna agus tá na múinteoirí an-deas ar fad.
(5) Bíonn céilí againn gach oíche agus bíonn dioscó
againn ag an deireadh seachtaine. (6) Beidh mé ag
filleadh abhaile ar an 16 Lúnasa.

10 Bóthar na Trá,
Co. Phort Láirge

slán,
le grá,
Máire

Cabhair

Réitím go maith leo	I get on well with them
Bíonn sí i gcónaí ag tabhairt amach dúinn	She is always giving out to us

Practise

Exercise 1

Líon na bearnaí.

> Rath Cairn • réitím • ranganna • feabhas • an tí • cailíní • duine •
> maidin • leadóige • seomra • cead • fanacht • teach • aois chéanna •
> tagtha • oíche • linn

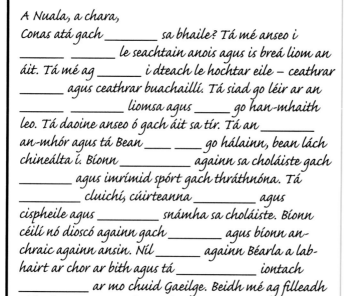

Rath Cairn, Co. na Mí

13 Lúnasa

A Nuala, a chara,

Conas atá gach _____ sa bhaile? Tá mé anseo i _____ _____ le seachtain anois agus is breá liom an áit. Tá mé ag _____ i dteach le hochtar eile – ceathrar _____ agus ceathrar buachaillí. Tá siad go léir ar an _____ _____ liomsa agus _____ go han-mhaith leo. Tá daoine anseo ó gach áit sa tír. Tá an _____ an-mhór agus tá Bean ____ ____ go hálainn, bean lách chineálta í. Bíonn _____ againn sa choláiste gach _____ agus imrímid spórt gach thráthnóna. Tá _____ cluichí, cúirteanna _____ agus cispheile agus _____ snámha sa choláiste. Bíonn céilí nó dioscó againn gach _____ agus bíonn an-chraic againn ansin. Níl _____ againn Béarla a labhairt ar chor ar bith agus tá _____ iontach _____ ar mo chuid Gaeilge. Beidh mé ag filleadh abhaile i gceann cúpla seachtain.

Slán,
le grá,
Tomás

12 Bóthar Naomh Eoin,
Luimneach

Handy Hint

Underline the words as you use them to make sure you haven't left any out

Exercise 2

Tá tú sa Ghaeltacht. Scríobh cárta poist abhaile.

Luaigh na pointí seo a leanas:

- Cá bhfuil tú
- Conas atá an áit
- Cad a dhéanann tú ar maidin
- Cad a dhéanann tú istoíche
- Rud amháin nach maith leat

Exercise 3 (Junior Certificate 1998)

Tá tú ag freastal ar Choláiste Samhraidh sa Ghaeltacht. Scríobh cárta poist chuig cara leat sa bhaile.

Luaigh na pointí seo a leanas ar an gcárta:

- An teach ina bhfuil tú ag fanacht
- An ceantar ina bhfuil an coláiste suite
- Daltaí eile atá ar an gcúrsa
- An aimsir
- Na caithimh aimsire agus an spraoi a bhíonn agat

Past exam questions

Junior Certificate 2006

Tá tú ar saoire in ionad campála sa Fhrainc (nó i dtír iasachta eile). Scríobh cárta poist chuig do thuismitheoirí.

Luaigh na pointí seo a leanas ar an gcárta:
- An turas ar an mbád nó san eitleán
- Rud amháin faoin ionad campála
- An aimsir
- Rud amháin a rinne tú lasmuigh den ionad campála
- Cathain a fhillfidh tú abhaile

Junior Certificate 2005

Tá tú ar thuras le do chlub óige áit éigin in Éirinn. Scríobh cárta poist chuig do chara.

Luaigh na pointí seo a leanas ar an gcárta:
- An t-am a shroich tú an áit
- Rud amháin a rinne tú a thaitin leat
- An aimsir
- Cá bhfuil tú ag fanacht
- Cathain a fhillfidh tú

Junior Certificate 2004

Tá tú ar thuras scoile i dtír éigin eile. Scríobh cárta poist chuig do dheirfiúr.

Luaigh na pointí seo a leanas ar an gcárta:
- An turas ar an eitleán
- Rud faoin áit a thaitníonn leat
- An aimsir
- Bronntanas a cheannaigh tú di
- Cén lá a fhillfidh tú

Junior Certificate 2003

Tá tú ag freastal ar Choláiste Gaeilge le do chara. Scríobh cárta poist chuig do dheartháir.

Luaigh na pointí seo a leanas ar an gcárta:
- An t-am a shroich sibh an Coláiste
- Rud éigin faoi na ranganna
- An aimsir
- Cén caitheamh aimsire atá agaibh ar an gcúrsa
- Cathain a fheicfidh tú den chéad uair eile é

Key points to remember

- **Recap:** make sure you mention all of the points in the question. Read back over your postcard when you have finished to check this.
- **Address:** learn off your Irish, foreign and Gaeltacht address beforehand.
- **Keep it neat:** make sure you layout your postcard clearly and neatly so it will be easily read by the examiner.

Section 6: An Nóta

● ● ● **What you will learn in this chapter**

1   Learn how to structure a note, accept and refuse an invitation
2   Learn helpful vocabulary and phrases for use in the exam
3   Examine sample questions and worked answers

Exam Guidelines

● The *Nóta* (Note) question is Question 1 (B) on Section 2 of the exam paper
● You have a choice between writing a postcard or a note – A (Postcard) or B (Note)
● This question is worth 25 marks
● Make sure you read both questions carefully first before you choose
● Spend 10 minutes on this question
● You are given a sequence of pictures with some information relating to them. You are asked to write a note based on this information.

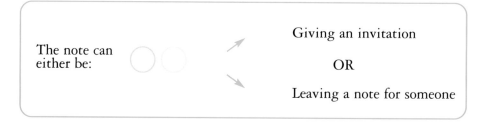

The note can either be:

Giving an invitation

OR

Leaving a note for someone

Keep the note short and to the point – remember it is a note, not a letter.

Handy Hint

Make sure you have learned the **Question Words** from the previous chapter – Cad, Cá, Cathain, Cén t-am, Conas…
This will help you to understand the points that you're asked for.

Every note has a certain layout and the same points come up again and again. Look at the layout below:

Tús an nóta (The start of the note)

Lá agus Dáta / Day and Date

A Mham / A Úna / A Sheáin, Dear Mum / Úna / Seán

Lár an nóta (The middle of the note)

This part will have the points that you have been asked to mention. For example:

- An t-am   The time
- An áit   The place
- Cad a tharla   What happened
- Cad a cheap tú   What you thought
- Cad a rinne tú   What you did
- Céard a dhéanfaidh tú   What you will do

slán tamall / Bye for now

Áine

Críoch an nóta (the ending)

Points to Note

Tús an nóta
You don't need to write an address but you do need to write the day and date in the top right hand corner.

Laethanta na seachtaine / Days of the week

Dé Luain	Monday
Dé Máirt	Tuesday
Dé Céadaoin	Wednesday
Déardaoin	Thursday
Dé hAoine	Friday
Dé Sathairn	Saturday
Dé Domhnaigh	Sunday

Na Míonna / Months

Eanáir	January
Feabhra	February
Márta	March
Aibreán	April
Bealtaine	May
Meitheamh	June
Iúil	July
Lúnasa	August
Meán Fómhair	September
Deireadh Fómhair	October
Mí na Samhna	November
Mí na Nollag	December

Beannú / Greeting

A Mham dhíl	Dear Mum
A Dhaid dhíl	Dear Dad
A Sheáin	Dear Seán
A Shinéad	Dear Sinéad

Points to Note

Make sure you don't forget to put in the **'h'** after 'a' e.g. A Sheáin.

Section A

1   Giving an invitation

Have a look at the vocabulary below. These words and phrases will come in very useful for this exam question.

Foclóir

Cad a bheidh ar siúl?	What will be on?
Ar mhaith leat dul go dtí / teacht chuig?	Would you like to go to / come to?
An phictiúrlann	The cinema
An chóisir	The party
An chóisir bhreithlae	The birthday party
An céilí	The céilí
An dráma	The play
An dioscó	The disco
An scannán	The film
An cluiche	The game
An seó faisin	The fashion show
An comórtas	The competition
An seó peataí	The pet show
An cheolchoirm	The concert
Beidh cóisir / ceolchoirm ar siúl	There will be a party / concert on
Beidh trialacha ceoil ar siúl	There will be music auditions on

Foclóir

Cén áit?	Where?
Buail liom	Meet me
Buailfidh mé leat	I'll meet you
Feicfidh mé thú	I'll see you
Ag an	At the
Laistigh den	Inside the
Lasmuigh den	Outside the
Ag an halla	At the hall
Ag an amharclann	At the theatre
Ag an stad bus	At the bus stop
Ag an bpictiúrlann	At the cinema
Ag an scoil	At the school
Ag an leabharlann	At the library
Ag an gclubtheach	At the clubhouse
Ag an bpáirc	At the (playing) field
San óstán	In the hotel
Sa bhialann	In the restaurant
Sa chathair	In the city
Sa bhaile mór	In town
Ag halla na scoile	At the school hall
Ag teach Sheáin	At Seán's house
Ag teach Mháire	At Mary's house
Anseo	Here

Cén t-am?	What time?
A haon / dó / trí / ceathair / cúig / sé a chlog	One / two / three / four / five / six o'clock
Ceathrú chun a	A quarter to
Fiche cúig chun a	Twenty-five to
Ceathrú tar éis a	A quarter past
Leathuair tar éis a	Half past
Fiche cúig tar éis a	Twenty-five past
Thart ar mheán lae	Around midday

Worked example 1   Cóisir bhreithlae / A birthday party

Cabhair

Cóisir bhreithlae	A birthday party
Ar siúl	Taking place
Tá súil agam	I hope
Go bhfeicfidh mé ann tú	I see you there

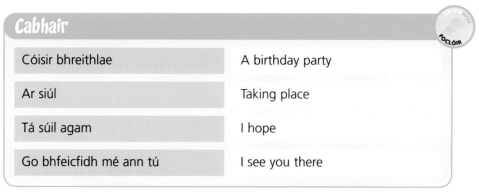

Is tusa an cailín sa phictiúr. Beidh do chóisir bhreithlae ar siúl ar an Aoine, an 3 Márta i do theach féin. Scríobh cuireadh chuig do chara Seán ag iarraidh air teacht agus abair:

- Cad a bheidh ar siúl
- Cathain a bheidh sé ar siúl
- Cá mbeidh sé ar siúl

Dé Luain, 25 Feabhra

A Sheáin, a chara,
Beidh mo chóisir bhreithlae ar siúl ar an Aoine, an 3 Márta. Beidh an chóisir ar siúl i mo theach ag a hocht a chlog. Ar mhaith leat teacht? Beidh gach duine ann agus beidh an-spórt againn. Tá súil agam go bhfeicfidh mé thú ar an Aoine.

slán tamall,
Órlaith

Worked example 2   Dioscó / A disco

Cabhair

Ag casadh na gceirníní	Playing music
Chuir mé glao ort	I called you
Ar mhaith leat dul in éineacht liom?	Would you like to come with me?
Ní bhfuair mé aon fhreagra	I didn't get an answer
Cosnóidh na ticéid	The tickets will cost
Ag tosú	Starting
Ag críochnú	Finishing

Is tusa an duine óg atá sna pictiúir thuas. Glaonn tú ar do chara, Tomás (nó Bríd) ach ní labhraíonn sibh le chéile. Fágann tú nóta ag teach do charad ag rá:

- Cad a bheidh ar siúl (Cén áit. Cén lá / dáta. Cén t-am. Cé mhéad isteach.)
- Iarr air / uirthi dul in éineacht leat
- Cén DJ a bheidh ag casadh na gceirníní
- Cad a tharla nuair a ghlaoigh tú ar do chara
- Go gcuirfidh tú glao air / uirthi níos déanaí

Dé Céadaoin, 18 Iúil

A Bhríd, a chara,

Beidh dioscó ar siúl i halla na scoile Dé hAoine, an 22 Iúil. Beidh sé ag tosú ar a hocht a chlog agus ag críochnú ar a leathuair tar éis a haon déag. Cosnóidh na ticéid €3. Ba bhreá liom dul ann, ar mhaith leat teacht in éineacht liom? Beidh Larry Gogan ag casadh na gceirníní. Chuir me glao ort inniu ach ní bhfuair mé aon fhreagra. Cuirfidh mé glao eile ort níos déanaí.

slán tamall,
Áine

Practise

Exercise 1   Ceolchoirm / A concert

Cabhair

Tá mé ag scríobh nóta	I'm writing a note
Mar	Because
Thug mé cuairt ort	I visited you
Ach ní raibh éinne istigh	But there was no one home
An banna ceoil	The band
Ag seinm	Playing (music)
Tabharfaidh mo mham síob dúinn	My mum will give us a lift
Cén chaoi?	How?

Is tusa an duine óg sna pictiúir thuas. Tugann tu cuairt ar theach do charad ach níl éinne sa bhaile. Cuireann tú nóta chuig do chara ag rá:

- Cad a bheidh ar siúl. (Cén áit. Cén lá. Cén t-am. Cén cead isteach)
- Cén fáth a bhfuil tú ag scríobh nóta
- Gur mhaith leat go rachadh do chara ann leat
- Cén chaoi a rachaidh sibh ann

Exercise 2   An phictiúrlann / The cinema

Cabhair

Chonaic mé an fógra	I saw the notice
An scannán	The film
Ní raibh d'uimhir agam	I didn't have your number
Is féidir linn dul	We can go
Go dtí an phictiúrlann	To the cinema
Ar an mbus	On the bus

Is tusa an duine óg sna pictiúir thuas. Chonaic tú an fógra sa phictiúrlann agus ba mhaith leat glao a chuir ar do chara Liam (nó Órlaith) ach níl an uimhir theileafóin agat. Cuireann tu nóta chuig do chara ag rá:

- Cad a bheidh ar siúl (Cén áit. Cén lá. Cén t-am. Cén cead isteach)
- Cén fáth nár ghlaoigh tú
- Gur mhaith leat go rachadh do chara ann leat
- Cén chaoi a rachaidh sibh ann

2 Accepting an invitation

Cabhair

Tháinig fear an phoist ar maidin	The postman came this morning
Go raibh míle maith agat	Thank you so much
Táim an-bhuíoch díot	I'm very grateful to you
Bhí áthas an domhain orm	I was delighted
Bhí mé ag pocléim le háthas	I was jumping for joy
Nuair a léigh mé an litir	When I read the letter
Ba bhreá liom dul go dtí an chóisir	I'd love to go to the party
Is breá liom / is aoibhinn liom	I love
D'iarr mé cead ar mo Mham	I asked my mum for permission
Beidh mé ábalta dul ann	I will be able to go there
Dúirt sí go raibh sé ceart go leor	She said it was alright
Cuirfidh mé glao ort	I'll call you
Feicfidh mé thú	I'll see you
Buailfidh mé leat	I'll meet you
Táim ag tnúth go mór leis	I'm really looking forward to it

Worked example 1

Féach ar an sampla thíos / Look at the example below

Is tusa an duine óg sna pictiúir thuas. Fuair tú cuireadh ó do chara Órlaith dul chuig a cóisir bhreithlae. Scríobh nóta ar ais chuici ag rá:

- Cén uair a fuair tú an cuireadh agus go bhfuil tú buíoch
- Go raibh tú sásta (nó míshásta) nuair a fuair tú é
- Gur mhaith leat dul ann
- Go bhfuair tú cead ó do Mham (nó Dhaid)
- Cén t-am a fheicfidh tú Órlaith

Dé Máirt, 26 Feabhra

A Órlaith, a chara,

Tháinig fear an phoist le do chuireadh ar maidin. Go raibh míle maith agat! Bhí áthas an domhain orm nuair a léigh mé an cuireadh. D'iarr mé cead ar mo Mham agus dúirt sí go raibh sé ceart go leor. Cuirfidh mé glao ort amárach agus feicfidh mé thú ar an Aoine ag a hocht, táim ag tnúth go mór leis.

slán go fóill,
do chara,
Seán

Practise

Exercise 1

Cabhair	
Banna ceoil	Music band
Bialann	Restaurant
Fuair mé airgead ó mo Mham	I got money from my mum
Thart	Over
Rachaimid go dtí	We'll go to
Tar éis	After

Is tusa an duine sna pictiúir thuas. Fuair tú cuireadh dul chuig ceolchoirm ó do chara Seán (<u>nó</u> Máire). Scríobh nóta ar ais chuige (<u>nó</u> chuici) ag rá:

- Cén uair a fuair tú an cuireadh agus go bhfuil tú buíoch
- Gur bhreá leat dul ann. Cén fáth
- Gur iarr tú cead ar do Mham (nó Dhaid)
- Gur thug do Mham (nó Dhaid) airgead duit
- Cad a dhéanfaidh sibh nuair a bheidh an ceolchoirm thart

Exercise 2

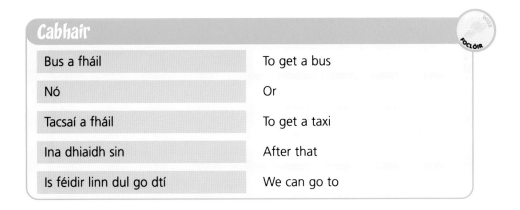

Cabhair	
Bus a fháil	To get a bus
Nó	Or
Tacsaí a fháil	To get a taxi
Ina dhiaidh sin	After that
Is féidir linn dul go dtí	We can go to

Is tusa an duine óg sna pictiúir thuas. Fuair tú cuireadh dul go dtí seó faisin ó do chara Tomás. Scríobh nóta ar ais chuige ag rá:

- Cén uair a fuair tú an cuireadh agus go bhfuil tú buíoch
- Go raibh tú sásta (nó míshásta) faoin gcuireadh a fháil
- Gur mhaith leat dul ann
- Go bhfuair tú cead ó do Mham (nó do Dhaid). Caithfidh tú bus nó tacsaí a fháil abhaile
- Cá bhfeicfidh tú Tomás. Cén t-am
- Cad a dhéanfaidh sibh ina dhiaidh sin

3   Refusing an invitation

Foclóir

Bhí brón / díomá orm nuair a léigh mé an cuireadh	I was sad / disappointed when I read the invitation
Bhí mé ag iarraidh dul ach	I wanted to go but
Bhí mé ag tnúth le dul ach	I was looking forward to going but
Ba bhreá liom dul ach	I would love to go but
Tá fadhb agam	I have a problem
Tá brón orm ach	I'm sorry but
Ní bheidh mé in ann dul ann	I wil not be able to go
Ní bheidh mé in ann teacht	I will not be able to come
Ní bheidh mé abalta dul go dtí	I will not be able to go
Níl cead agam dul mar	I'm not allowed to go because
Dúirt Mam / Daid nach bhfuil cead agam dul	My Mum / Dad said that I cannot go
Caithfidh mé dul go dtí	I have to go to
Caithfidh mé fanacht sa bhaile	I have to stay at home
An lá sin	That day
An oíche sin	That night
Tá scrúdú / cluiche / socrú eile agam	I have an exam / a game / another arrangement
Beidh mé ag …	I will be…
Tá orm dul…	I have to go to…
Tinn / breoite	Sick
Is fuath liom / Ní maith liom	I hate / I don't like
Tá súil agam	I hope
Go mbainfidh tú taitneamh as	That you enjoy it
Bain taitneamh as!	Enjoy it!
Inis dom conas a d'éirigh leat	Tell me how you got on

Worked example 1

Féach ar an sampla thíos / Look at the example below

Is tusa an duine óg sna pictiúir thuas. Fuair tú cuireadh dul go dtí an phictiúrlann ó do chara Clár. Ní bheidh tú in ann dul. Scríobh nóta chuig do chara ag rá:

- Cén uair a fuair tú an cuireadh agus go bhfuil tú buíoch
- Go raibh áthas (nó brón) ort faoin gcuireadh a fháil
- Go raibh tú ag iarraidh dul ach nach féidir leat
- Cá bhfeicfidh tú Clár arís agus cén uair

Dé hAoine, 3 Nollaig

A Chlár, a chara,

Fuair mé an cuireadh ar maidin. Go raibh míle maith agat. Bhí an-áthas orm nuair a fuair mé é. Bhí mé ag iarraidh dul go dtí an phictiúrlann leat ach tá fadhb agam. Deir mam nach féidir liom dul mar go bhfuil m'uncail tinn san ospidéal agus caithfidh mé cuairt a thabhairt air an oíche sin. Tá an-bhrón orm. Tá súil agam go mbainfidh tú taitneamh as.

Feicfidh mé thú ar scoil Dé Luain ar a naoi,

Go dtí sin,
slán,
Treasa

Practise

Exercise 1

Cabhair

Ar mo bhealach ar scoil	On my way to school
Bhí timpiste agam	I had an accident
Thit mé den rothar	I fell off the bike
Ghortaigh mé	I hurt
Bhris mé	I broke
Mo lámh / mo chos	My arm / my foot
I ndiaidh an chluiche	After the match

Is tusa an duine óg sna pictiúir thuas. Fuair tú **cuireadh ó do chara Daithí** dul ag imirt cluiche sacair sa chlub óige Dé Sathairn seo chugainn. Ní bheidh tú in ann imirt sa chluiche. Scríobh nóta chuig do chara ag rá:

- Cén uair a fuair tú an cuireadh agus go bhfuil tú buíoch
- Go raibh áthas (nó brón) ort faoin gcuireadh a fháil
- Gur bhreá leat imirt sa chluiche ach nach féidir leat
- Cad a tharla duit
- Cá bhfeicfidh tú Daithí arís agus cén uair

Exercise 2

Cabhair

Taispeántas ealaíne	An art exhibition
Laethanta saoire	Holidays
Beidh mé ar ais ar an	I will be back on the

Is tusa an duine óg sna pictiúir thuas. Fuair tú cuireadh dul chuig Taispeántas Ealaíne Dé Céadaoin seo chugainn ó do chara Síle. Ní bheidh tú in ann dul. Scríobh nóta chuig do chara ag rá:

- Cén uair a fuair tú an cuireadh agus go bhfuil tú buíoch
- Go raibh áthas (nó brón nó díomá) ort nuair a léigh tú an cuireadh
- Gur mhaith leat dul ann ach nach féidir leat. Cén fáth
- Cá mbeidh tú Dé Céadaoin agus cad a bheidh ar siúl agat
- Cathain a fheicfidh tú Síle arís

Section B

1 Leaving a note for someone

Points to Note

Tús an nóta	*Lá agus dáta, An beannú* Look back to the beginning of the chapter to revise the vocabulary to help you with these.
Lár an nóta	*An t-am, An áit*

Foclóir

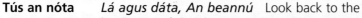

Cad a bhí ar siúl agat?	What were you doing?
Bhí mé ag staidéar	I was studying
Bhí mé ag déanamh m'obair bhaile	I was doing my homework
Bhí mé ag éisteacht le ceol	I was listening to music
Bhí mé ag féachaint ar an teilifís	I was watching TV
Bhí mé ag léamh	I was reading
Bhí mé ag ullmhú an dinnéir	I was preparing dinner
Bhí mé amuigh sa gharáiste	I was out in the garage
Bhí mé ag glanadh an tí	I was cleaning the house

Foclóir

Cad a tharla?	What happened?
Go tobann	Suddenly
Chuala mé	I heard
Chonaic mé	I saw
Thug mé faoi deara	I noticed
An madra ag tafann	The dog barking
An teileafón ag bualadh	The phone ringing
Duine ag caoineadh	Someone crying
Cnag ar an doras	A knock on the door
Thit mé de	I fell from
Dhoirt mé	I spilled
Leag mé	I knocked
Ghortaigh mé	I hurt
Bhris mé	I broke
Ghearr mé	I cut

Conas a mhothaigh / bhraith tú?	How did you feel?
Ag cur fola	Bleeding
Ag crith	Shaking
Trína chéile	Very upset
Scanraithe	Afraid
Gan aithne gan urlabhartha	Unconscious
Bhí mé ar buile	I was raging
Bhí mé croíbhriste	I was heartbroken
Bhí samhnas orm	I was disgusted

Cad a rinne tú?	What did you do?
Rith mé go dtí	I ran to
Amach an doras	Out the door
Isteach sa teach	Into the house
Ghlaoigh mé ar otharcharr	I called an ambulance
Tá mé imithe	I'm gone
Tá orm dul	I have to go
Bhí orm dul	I had to go
Go dtí an t-ospidéal	To the hospital
Na siopaí	The shops

Foclóir

Teach Áine	Áine's house
Trialacha ceoil	Music auditions
Beidh mé ar ais	I'll be back
Go luath	Soon
Ar a sé a chlog	At six o'clock
Níl a fhios agam	I don't know
Cathain a bheidh mé ar ais	When I'll be back
D'inis mé an scéal do	I told the story to
M'athair / mo mháthair	My father / my mother
An príomhoide	The principal
Na gardaí	The guards
Ní raibh sé / sí / siad sásta ar chor ar bith	He / she / they weren't happy at all
Caithfidh sé íoc as	He will have to pay for it
Beidh mé ag súil le	I'll be expecting
Cúiteamh	Compensation
Uait	From you
Ceannóidh mé rothar nua	I will buy a new bicycle
Cuir glao orm	Call me

Worked example 1   An accident / Timpiste

Féach ar an sampla thíos / Look at the example below:

Cabhair

Scian	A knife
Bindealán	A bandage
De thimpiste	Accidently
Go dona	Badly
Tá súil agam	I hope
Go mbeidh mé ar ais	That I'll be back
Roimh	Before

Is tusa an duine óg sna pictiúir thuas. Fág nóta do do mháthair (nó athair) ag míniú an scéil agus abair:

- Cad a bhí ar siúl agat
- Cén timpiste a tharla duit
- Céard a rinne tú
- Cathain a bheidh tú ar ais

Dé Céadaoin, 10 Mí na Samhna

A Mham,

Bhí mé sa chistin ag ullmhú an dinnéir. De thimpiste, ghearr mé mo lámh le scian agus bhí sé ag cur fola go dona. Ní raibh aon bhindealán anseo, mar sin rith mé go dtí an dochtúir. Cuirfidh sé bindealán ar mo lámh. Tá súil agam go mbeidh mé ar ais roimh a dó a chlog,

Go dtí sin,
slán,
Ciara

Worked example 2   *Complaining / Ag gearán*

Cabhair	
Ar iasacht	On loan
Gúna	A dress
Scriosta	Ruined
Chosain sé	It cost

Is tusa an duine óg sna pictiúir thuas. Thug tú gúna ar iasacht do do chara, Siobhán. Nuair a fuair tú ar ais é, bhí an gúna scriosta. Chuir tú glao teileafóin uirthi ach ní raibh aon fhreagra. Chuir tú nóta chuici agus dúirt tú:

- Conas a bhraith tú nuair a chonaic tú an gúna scriosta
- Gur inis tú an scéal do do mháthair
- Cad a dúirt do mháthair
- Gur chuir tú glaoch ar Shiobhán
- An costas a bheidh ar an ngúna nua

Dé Máirt, 4 Aibreán

A Shiobhán, a chara,
Fuair mé mo ghúna ar ais ar maidin. Níl mé sásta ar chor ar bith, táim ar buile leat. Thug mé an gúna ar iasacht duit agus anois tá sé scriosta. D'inis mé an scéal do mo mham agus dúirt sí go gcaithfidh tú íoc as – chosain sé €25. Beidh mé ag súil le gúna nua uait. Chuir mé glaoch ort ach ní bhfuair mé aon fhreagra. Cuir glao orm.

Go dtí sin,
slán,
Tríona

Practise

Exercise 1

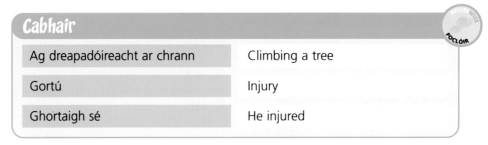

Cabhair	
Ag dreapadóireacht ar chrann	Climbing a tree
Gortú	Injury
Ghortaigh sé	He injured

Is tusa an duine óg sna pictiúir thuas. Bhí tú agus do dheartháir óg ag súgradh sa ghairdín. Sular imigh tú ón teach d'fhág tú nóta do do Dhaid ag rá:

- Cad a bhí ar siúl agaibh sa ghairdín
- Cad a tharla do Liam
- Cén gortú a bhain dó
- Cá bhfuil sibh imithe
- Cén uair a bheidh tú ar ais

Exercise 2

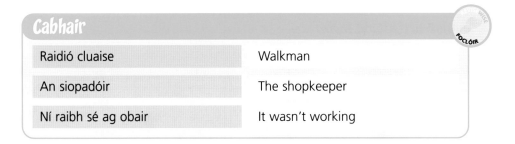

Is tusa an duine óg sna pictiúir thuas. Cheannaigh tú raidió cluaise ach nuair a tháinig tú abhaile, ní raibh sé ag obair. Chuir tú glao ar an siopa ach ní raibh aon fhreagra. Chuir tú nóta chuig an siopadóir ag rá:

- Go bhfuil tú míshásta leis an raidió cluaise
- Conas a bhraith tú nuair a thug tú faoi deara nach raibh an raidió cluaise ag obair
- Cad a tharla nuair a chuir tú glao ar an siopa
- Go bhfuil tú ag súil le cúiteamh

Past exam questions

Junior Certificate 2006

Is tusa Seán sna pictiúir thuas. Fuair tú dhá thicéad sa phost do cheolchoirm i bPáirc an Chrócaigh. Ba mhaith leat ticéad a thabhairt do do chara Nuala. Fágann tú nóta ag a teach ag rá:

- Conas a fuair tú na ticéid
- Cé mhéad a chosain siad
- Cén t-am a bheidh an ceolchoirm thart
- Cad ba mhaith leat a dhéanamh tar éis na ceolchoirme
- Cén t-am a fhillfidh sibh abhaile

Junior Certificate 2005

Is tusa Aoife sna pictiúir thuas. Tá tú ag caint le Colm. Tá sé ag dul chuig dioscó. Tá tusa ag dul leis. Ba mhaith leat a rá le do thuismitheoirí go bhfuil tú ag dul ach ní féidir leat teacht orthu ar an bhfón.
Fágann tú nóta ar an mbord ag rá:

- Cé leis a bhfuil tú ag dul chuig an dioscó
- Cá bhfuil an dioscó
- An fáth nach raibh tú ábalta teacht orthu ar an bhfón
- Cén t-am a bheidh an dioscó thart
- Conas a thiocfaidh tú abhaile

Junior Certificate 2004

Is tusa Máire sna pictiúir thuas. Tá tú ag caint leis an múinteoir sa seomra ranga. Tá gach duine eile imithe. Feiceann tú fón póca do charad Aoife. Fágann tú nóta ag a teach ag rá:

- Cá bhfuair tú an fón
- An fáth nar fhág tú an fón ag an teach
- Cá bhfuil tú féin ag dul anocht
- Cén t-am is féidir leat bualadh léi
- Cathain a thabharfaidh tú an fón di mura bhfuil sí ábalta bualadh leat anocht

Key points to remember

- **Understand the question:** make sure you understand the question fully before you start writing.
- **Recap:** check back over your note when you have finished to make sure you have included the day, date and sign off greeting.
- **Pictures:** examine the picture sequence in the question carefully and make sure your answer sticks to the point and tells the story in the pictures.

●●●● **What you will learn in this chapter**

1   Learn how to structure a formal letter
2   Learn useful vocabulary, words, phrases and greetings
3   Examine sample questions and worked answers

Exam Guidelines

● The *Litir* (Letter) question is Question 2 on Part 2 of the paper
 – *'Scríobh na teanga'*
● You have a choice of two letters
● This question is worth 40 marks
● Spend 15 minutes on this question
● Long-term preparation is essential
● You are given a number of points to include in your letter
 – Make sure you answer all of the points mentioned
● Make sure your letter is laid out neatly and clearly
● There are marks for the address, the date, a greeting and an ending
 so be sure to have these learnt off in Irish before your exam

Handy Hint

Look back over the *Cárta Poist* section, you can use the same
addresses, dates, greetings and endings in your letter.

1 *Seoladh – Address*

2 *Dáta – Date*

3 *Beannú – Greeting,*

4 *Tús na litreach – Beginning*

5 *Corp na litreach – Body of letter*
4 x pointí / 4 x points

6 *Críoch – Ending*

7 *Slán – Goodbye*

1 Seoladh / Address

Learn off a few addresses from different locations:

✔ **Cois farraige in Éirinn /**
At the seaside in Ireland
Óstán na Trá
Dún Chaoin
Co. Chiarraí

✔ **Faoin tuath /**
In the country
Teach na feirme
Maothail
Co. Liatroma

✔ **Cois farraige thar lear /**
At the seaside abroad
Rue Victoire
La Rochelle
An Fhrainc

✔ **Sa chathair /**
In the city
Bóthar na Trá
Cluain Tarbh
Baile Átha Cliath

2 Dáta / Date

Eanáir	January
Feabhra	February
Márta	March
Aibreán	April
Bealtaine	May
Meitheamh	June
Iúil	July
Lúnasa	August
Meán Fómhair	September
Deireadh Fómhair	October
Mí na Samhna	November
Mí na Nollag	December

3 Beannú / Greeting

A Mham dhil	Dear Mum
A Dhaid dhil	Dear Dad
A Liam, a chara	Dear Liam
A Áine, a chara	Dear Áine

4 Tús na litreach / Start of letter

Tá súil agam go bhfuil tú i mbarr na sláinte	I hope you're well
Bhí áthas orm do litir a fháil cúpla lá ó shin	I was delighted to get your letter a few days ago
Tá brón orm nár scríobh mé níos luaithe – chuir mé ar an méar fhada é arís agus arís	I'm sorry I haven't written sooner – I kept meaning to but never got around to it
Bhí sé ar intinn agam litir a scríobh chugat ach bhí mé an-ghnóthach	I intended to write to you but I was very busy
Conas atá cúrsaí leat?	How are things with you?

6 Críoch / Ending

Caithfidh mé imeacht anois…	I have to go now…
Tá mo dhinnéar réidh	My dinner's ready
Tá mo mham ag glaoch orm	My mum is calling me
Scríobh ar ais chugam go luath	Write back soon

7 Slán / Goodbye

Slán go fóill	Bye for now
Slán, le grá	Love from
D'iníon dhílis	Your daughter
Do mhac dílis	Your son
Do chara buan	Your friend

Practise

Now, practise filling in the *seoladh*, the *dáta*, the *beannú*, the *tús*, the *críoch* and the *slán* in the space provided below.

5   Corp na litreach / Body of letter

This is the part of the letter where you mention all of the points asked.

Points to Note

- ✓ **Keep your sentences short and clear to avoid mistakes**
- ✓ **Stick to the point**

Worked example 1

Tá post nua faighte agat in óstán cois farraige. Scríobh litir chuig do chara. Sa litir luaigh na pointí seo:

- An ceantar
- Na daoine
- Cad a dhéanann tú gach lá?
- Rud a thaitníonn leat faoin obair
- Rud nach dtaitníonn leat faoin obair

Cabhair

An ceantar	The area
An-bheomhar	Very lively
An-chairdiúil	Very friendly
Cabhrach	Helpful
An cócaire	The cook
Bíonn sé i gcónaí ag gearán	He's always complaining
Na freastalaithe	The waiters / waitresses
Ag ullmhú na mbricfeastaí	Preparing the breakfasts
Cuairteoirí	Visitors
Ag éirí chomh luath sin	Getting up so early

Óstán na Trá,
Dún Chaoin,
Co. Chiarraí

3 Bealtaine

A Liam, a chara

Conas atá cúrsaí?

1 Táim anseo i gCiarraí. Tá post agam in Óstán na Trá. Tá an áit go hálainn. Tá an t-óstán in aice na farraige agus deich nóiméad ón trá. Tá an ceantar an-bheomhar ar fad. Tá a lán siopaí agus bialann ann.

2 Tá na daoine eile atá ag obair san óstán an-chairdiúil agus cabhrach liom. Ach ní maith liom an cócaire ar chor ar bith. Bíonn sé i gcónaí ag gearán faoi na freastalaithe!

3 Gach maidin, éirím ag a seacht agus oibrím sa bhialann ag ullmhú na mbricfeastaí. Ansin ag a haon déag, téim suas staighre agus glanaim na seomraí.

4 Is maith liom ag obair san óstán agus ag caint leis na cuairteoirí ach ní maith liom ag éirí chomh luath sin ar maidin!

slán,
Máire

Worked example 2

Tá tú ar chúrsa sa Ghaeltacht. Scríobh litir abhaile.
Sa litir luaigh na pointí seo a leanas:

- An turas
- Bean an tí agus an teach
- An aimsir
- Na ranganna

Cabhair

Leadránach	Boring
Cúigear	Five people
An-chineálta	Very kind
Ceapaim go bhfuil feabhas tagtha ar mo chuid Gaeilge	I think that my Irish has improved

13 Sráid Áine,
Carna,
Co. na Gaillimhe

10 Bealtaine

A Mham, a Dhaid,
Conas atá sibh?

1 Táim anseo sa Ghaeltacht i gConamara. Bhí an turas ar an mbus an-fhada agus leadránach!

2 Táim ag fanacht i dteach deich nóiméad ón gcoláiste. Tá cúigear sa teach. Tá an teach an-sean ach tá Bean an tí an-chineálta. Bean Uí Laoire is ainm di. Tugann sí bia iontach dúinn.

3 Tá an aimsir ar fheabhas – bíonn an ghrian ag scoilteadh na gcloch gach lá. Tá mé dóite!

4 Tosaíonn na ranganna ar a naoi gach maidin agus críochnaíonn siad ar a trí. Tá na múinteoirí ceart go leor. Ceapaim go bhfuil feabhas tagtha ar mo chuid Gaeilge. Imrímid spórt um thráthnóna. Bíonn an-chraic againn.

slán,
Áine

Past exam questions

Junior Certificate 2006

A

Tá tú ar scoil nua. Scríobh litir chuig do pheannchara faoin scoil seo. Sa litir luaigh na pointí seo:

- Cén fáth a bhfuil tú ar scoil nua
- Cara nua atá agat sa scoil
- Cúpla rud faoi na múinteoirí
- Saol na scoile

Junior Certificate 2006

B

Tá tú i do chónaí ar feadh míosa le clann sa Fhrainc ag foghlaim Fraincise. Ní dúirt tú le do chara go raibh tú ag dul. Scríobh litir chuige / chuici. Sa litir luaigh na pointí seo:

- Cén fáth nach ndúirt tú leis / léi go raibh tú ag dul
- Duine éigin sa chlann is maith leat nó nach maith leat
- Cúpla rud faoin áit ina bhfuil tú
- Rud a rinne tú nó a chonaic tú a thaitin go mór leat

Junior Certificate 2005

A

Níl do chara ina c(h)ónaí in aice leat anois. Ba mhaith leat socrú a dhéanamh leis / léi chun dul ar laethanta saoire le chéile. Scríobh litir chuige / chuici. Sa litir luaigh na pointí seo:

- Cén uair is féidir leat féin dul ar saoire
- Cúpla rud ba mhaith leat féin a dhéanamh ar na laethanta saoire
- Cathain ba mhaith leat a fháil amach an féidir leis / léi dul
- Cén t-am is féidir leis / léi glao teileafóin a chur ort

Junior Certificate 2005

B

Tá post samhraidh agat i ngaráiste. Scríobh litir chuig do chara atá ar saoire i dtír éigin eile ag insint dó / di faoin bpost. Sa litir luaigh na pointí seo:

- Conas a fuair tú an post
- Cúpla rud atá le déanamh agat sa phost
- Cé mhéad uair in aghaidh an lae a oibríonn tú
- An rud is mó is maith leat nó nach maith leat faoin bpost

Junior Certificate 2004

A

Tá tú ar saoire le do chairde áit éigin in Éirinn. Níl go leor airgid agat. Scríobh litir abhaile chuig do thuismitheoirí ag lorg níos mó airgid ar iasacht. Sa litir luaigh na pointí seo:

- Méid airgid atá fágtha agat
- Cúpla rud a chosain a lán airgid
- Cathain ba mhaith leat an t-airgead a fháil
- Conas a thabharfaidh tú an t-airgead ar ais

Sample answer

Cabhair	
Áit éigin in Éirinn	Somewhere in Ireland
Go leor	Enough
Ag lorg níos mó airgid	Looking for more money
Méid airgid atá fágtha	The amount of money left
A chosain	That cost
Conas a thabharfaidh tú?	How will you give?
Ag baint an-taitneamh as	Really enjoying
Ba mhaith liom an t-airgead a fháil	I would like to get the money
Tá airgead curtha i dtaisce agam	I have money saved
In Oifig an Phoist	In the Post Office

Seoladh: Bóthar na Trá
Cluain Tarbh
Baile Átha Cliath

Dáta: 3 Meitheamh

Beannú: A thuismitheoirí dile,

Tús: Tá súil agam go bhfuil sibh i mbarr na sláinte. Táim anseo i mBaile Átha Cliath agus táim agus na buachaillí – Dónal agus Séamas ag baint an-taitneamh as an tsaoire.

Corp:
Pointe 1 Táim ag scríobh chugaibh ag lorg níos mó airgid. Níl ach €5 fágtha agam.

Pointe 2 Chuamar ag siopadóireacht inné agus cheannaigh mé a lán bronntanas do gach duine. Cheannaigh mé gúna nua do shinéad, hata do Dhaid agus leabhar nua do Mham.

Pointe 3 Ba mhaith liom an t-airgead a fháil amárach nó Dé hAoine mar go mbeimid ag dul go dtí an phictiúrlann Dé Sathairn.

Pointe 4 Tabharfaidh mé an t-airgead ar ais daoibh nuair a thagaim abhaile. Tá airgead curtha i dtaisce agam in Oifig an Phoist. Rachaidh mé ann Dé Luain.

Críoch Caithfidh mé imeacht anois, táimid ag dul go dtí an trá inniu mar go bhfuil an aimsir go hálainn. Feicfidh mé sibh Dé Domhnaigh.

Slán slán, le grá,
Tomás

Ceisteanna

1 Cé mhéad airgid atá fágtha ag Tomás?

2 Cá bhfuil sé?

3 Cé atá in éineacht leis?

4 Cad a cheannaigh sé?

5 Conas a thabharfaidh sé an t-airgead ar ais?

Junior Certificate 2004

B

Tá tú i do bhall den Chlub Óige i do cheantar féin. Scríobh litir chuig do pheannchara sa Spáinn ag insint dó / di faoin gClub. Luaigh na pointí seo sa litir:

- Cé mhéad ball atá sa Chlub
- Cúpla rud a bhíonn ar siúl sa Chlub gach seachtain
- Turas a rinne an Club an samhradh seo caite
- Conas a chabhraíonn tú féin leis an gClub

Sample answer

Cabhair

Ball	A member
Ar siúl	Going on
Conas a chabhraíonn tú?	How do you help?
Tá mé i mo bhall	I am a member
Téim ann	I go there
Timpeall tríocha duine	About thirty people
Ag freastal	Attending
Uaireanta	Sometimes
Comórtais de gach saghas	Every kind of competition
Idir na clubanna	Between the clubs
Sceitimíní	Excited
Ar fheabhas	Great
Glanaim	I clean
Scuabaim	I sweep
Port Láirge	Waterford

Seoladh: 23 Faiche Áine
Ceatharlach

Dáta: 3 Iúil

Beannú: A Phaolo, a chara,

Tús: Tá súil agam go bhfuil tú i mbarr na sláinte, tá brón orm nár scríobh mé níos luaithe – chuir mé ar an méar fhada é arís agus arís eile. Conas atá cúrsaí leat? Táim ag baint an-taitneamh as na laethanta saoire.

Corp:
Pointe 1 Tá mé i mo bhall den Chlub Óige anseo i gCeatharlach. Téim ann gach Aoine. Tá timpeall tríocha duine ag freastal ar an gClub, téann mo chairde go léir go dtí an Club freisin.

Pointe 2 Bíonn an-spórt againn gach seachtain. Imrímid sacair, leadóg agus camógaíocht. Tá linn snámha agus leabhar-lann ann freisin. Uaireanta téimid ar thuras go dtí Club Óige eile nó go dtí an phictiúrlann. Bíonn comórtais de gach saghas ar siúl idir na clubanna.

Pointe 3 Beimid ag dul ag campáil an tseachtain seo chugainn. Tá sceitimíní orm. An samhradh seo caite chuamar ag campáil i bPort Láirge, bhí sé ar fheabhas!

Pointe 4 Cabhraím leis an gClub gach seachtain. Glanann mé féin agus Dáithí an halla mór ag deireadh na hoíche, glanaim na boird agus scuabaim an t-urlár.

Críoch Caithfidh mé imeacht anois, tá mo dhinnéar réidh. Scríobh ar ais chugam go luath,

Slán slán, le grá,
Treasa

Ceisteanna

1   Cé mhéad ball atá sa Chlub?

2   Cá bhfuil an Club?

3   Cad a bhíonn ar siúl sa Chlub gach seachtain?

4   Cá ndeachaigh an Club an samhradh seo caite?

5   Conas a chabhraíonn Treasa leis an gClub? (**dhá rud**)

Key points to remember

- Include all information: **make sure you don't leave out any information asked for in the question in your answer. You will lose marks for this.**
- Practice makes perfect: **memorise the address, date, greeting and ending beforehand. You will lose marks if you leave any of these points out.**
- Keep it tidy: **lay out your answer neatly so that it's easy to read.**

Section 8: Alt

●●● What you will learn in this chapter

1   Practise a range of sample questions to gain more confidence for this exam question
2   Learn useful vocabulary and phrases for use in a wide variety of *'alt'*
3   Learn handy hints and useful tips for this exam question

Exam Guidelines

- The *Alt* (Article) is Question 3 on Part 2 of the exam paper
- You can choose to write an *Alt* (Article) or a *Cuntas Dialainne* (a Diary Entry)
- You are given a choice of 4 topics for the *Alt* – you only pick 1 (ceann amháin). Do not write a few lines on each topic
- You need to write at least 15 lines for your answer
- The *Alt* is worth 45 marks – the highest marked question on the written part of the exam paper
- Spend 20 minutes on this question
- Many students find this question difficult but good preparation and practice can make all the difference!

Past exam questions

Have a look at the topics that have come up in recent years. Throughout this chapter you will learn how to approach these topics through worked examples and exercises.

Junior Cert 2006	(1) An lá a bhuaigh mé €100	The day I won €100
	(2) Lá cois farraige	A day at the seaside
	(3) An réalta spóirt **nó** réalta scannáin is fearr liom	A favourite sport or film star.
	(4) Leabhar a thaitin liom	A book I enjoyed
Junior Cert 2005	(1) An deireadh seachtaine seo caite	Last weekend
	(2) Lá i dteach m'aintín	A day in my aunt's house
	(3) An caitheamh aimsire is fearr liom	My favourite pastime
	(4) An lá a ghoid gadaí an fón póca uaim	The day a robber stole my mobile phone
Junior Cert 2004	(1) Breithlá mo Dhaid	My Dad's birthday
	(2) An clár teilifíse is fearr liom	My favourite TV programme
	(3) Rothar nua a cheannaigh mé	A new bicycle I bought
	(4) Teach mo charad	My friend's house
Junior Cert 2003	(1) An caitheamh aimsire is fearr liom	My favourite hobby
	(2) Lá a chaith mé ag iascaireacht nó ag rothaíocht	A day I spent fishing or cycling
	(3) Lá ag siopadóireacht le mo mháthair	A day shopping with my Mum
	(4) An peata atá againn sa bhaile	Our pet at home
Junior Cert 2002	(1) Lá fliuch sa bhaile	A wet day at home
	(2) An samhradh seo caite	Last summer
	(3) Rud deas a tharla dom	Something nice that happened to me
	(4) An uair a bhris gadaí isteach inár dteach	The time a robber broke into our house

Points to Note

- Choose only one topic.
- Choose the topic that you understand the most.
- If you are writing about your hobbies, your favourite sports person or TV programme, write in the present tense – *An Aimsir Láithreach*.
- If you are writing about a day you spent shopping or fishing or something that scared you or made you happy, write in the past tense – *An Aimsir Chaite*.

Le foghlaim

Here are some verbs to learn and use in your *Alt*.

They appear in the table below both in the present and past tense.

Verb	Present tense	Past tense
Dúisigh – to wake up	Dúisím	Dhúisigh mé
Éirigh – to get up	Éirím	D'éirigh mé
Cuir – to put	Cuirim	Chuir mé
Déan – to do / make	Déanaim	Rinne mé
Ith – to eat	Ithim	D'ith mé
Ól – to drink	Ólaim	D'ól mé
Bí – to be	Táim	Bhí mé
Téigh – to go	Téim	Chuaigh mé
Tar – to come	Tagaim	Tháinig mé
Rothaigh – to cycle	Rothaím	Rothaigh mé
Clois – to hear	Cloisim	Chuala mé
Feic – to see	Feicim	Chonaic mé
Féach – to look / watch	Féachaim	D'fhéach mé
Faigh – to get	Faighim	Fuair mé
Léim – to jump	Léimim	Léim mé
Ceannaigh – to buy	Ceannaím	Cheannaigh mé
Tabhair – to give	Tugaim	Thug mé
Tóg – to take	Tógaim	Thóg mé
Imigh – to go	Imím	D'imigh mé
Rith – to run	Rithim	Rith mé
Tosaigh – to start	Tosaím	Thosaigh mé
Críochnaigh – to finish	Críochnaím	Chríochnaigh mé
Imir – to play	Imrím	D'imir mé

Don't forget little phrases like:

Is maith liom	I like
Is aoibhinn liom	I love
Is breá liom	I love
Ní maith liom	I don't like
Is fuath liom	I hate
Mar	Because
Ach	But
Freisin	Also
Go hálainn	Lovely
Uafásach	Horrible

Practise

Have a look at the examples below and try to do all of the exercises that go with each piece. You'll be able to use lots of the words and phrases when writing your own paragraphs.

Exercise 1

A

Mo chlann / Mo theaghlach **My family**

Áine de Búrca is ainm dom. Táim cúig bliana déag d'aois. Táim i mo chónaí i nGaillimh. Tá cúigear i mo theaghlach – mo Mham, mo Dhaid, mo dheirfiúr Caitríona agus mo dheartháir Pól agus mé féin. Cónaímid i dteach álainn cois trá. Réitím go maith le mo dheirfiúr Caitríona, tá sí sé bliana déag d'aois. Téimid ag siopadóireacht le chéile go minic sa bhaile mór. Is aoibhinn liom éadaí de gach sórt. Ní réitím go maith le mo dheartháir. Tá sé seacht mbliana d'aois agus bíonn sé i gcónaí ag féachaint ar an bpeil ar an teilifís – is fuath liom peil! Is maith leis Man Utd. Bíonn mo thuismitheoirí cráite againn nuair a bhímid ag argóint agus ag screadaíl. Is múinteoir bunscoile í mo Mham agus oibríonn mo Dhaid sa bhanc.

Cabhair

Táim cúig bliana déag d'aois	I'm fifteen years old
Cúigear	Five people
Deirfiúr	Sister
Deartháir	Brother
Cois trá	Beside the sea
Réitím go maith le	I get on well with
Éadaí de gach sórt	All types of clothes
Bíonn sé i gcónaí	He is always
Peil	Football
Cráite	Tormented
Ag argóint agus ag screadaíl	Arguing and shouting
Múinteoir bunscoile	A primary schoolteacher

Ceisteanna

1 Cén aois í Áine?

2 Cé mhéad atá sa chlann?

3 Cad is ainm dá deartháir?

4 Cad a dhéanann sí le Caitríona?

5 Cad is maith léi?

6 Cén fáth nach réitíonn sí go maith le Pól?

7   Cad is ainm don fhoireann peile is fearr le Pól?

8   Cén obair a dhéanann a mháthair?

B

Now, can you write about your own family? Have a go!

Cabhair

Beirt / triúr / ceathrar / cúigear / seisear / seachtar / ochtar	Two / three / four / five / six / seven / eight (people)
Níos óige	Younger
Níos sine	Older
Tá sé / sí bliain d'aois	He / She is 1 year old
Dhá bhliain d'aois	2 years old
Trí / ceithre / cúig / sé bliana d'aois	3 / 4 / 5 / 6 years old
Seacht / ocht / naoi / deich mbliana d'aois	7 / 8 / 9 / 10 years old
Aon / dhá bhliain déag d'aois	11 / 12 years old
Trí / ceithre / cúig / sé bliana déag d'aois	13 / 14 / 15 / 16 years old
Seacht / ocht / naoi mbliana déag d'aois	17 / 18 / 19 years old
Fiche bliain d'aois	20 years old
Oíbríonn sé / sí sa…	He / She works in…
Is dochtúir é	He is a doctor
Is fiaclóir í	She is a dentist
Rúnaí / cócaire / siopadóir tiománaí /gruagaire / tréidlia / altra / cuntasóir	Secretary / chef / shopkeeper / driver / hairdresser / vet / nurse / accountant
Duine cainteach / ciúin / sona í	She is a chatty / quiet / happy person
Duine mór / beag é	He is big / small
Ard / tanaí / ramhar / suimiúil / taitneamhach / deas / cliste / ciallmhar / dea-bhéasach / santach / dána / millte	Tall / thin / fat / interesting pleasant / nice / clever / sensible / polite / selfish / bold / spoilt

Exercise 2

A

Mo theach / M'áit chónaithe / M'áit dúchais **My house / Where I live**

Gráinne is ainm dom. Táim i mo chónaí ar fheirm amuigh faoin tuath. Tá an teach suite seacht míle ón mbaile mór. Tá teach mór dhá stór againn. Tá cistin, seomra suí, seomra bia agus seomra folctha thíos staighre agus tá cúig seomra leapa agus dhá sheomra folctha thuas staighre. Tá mo sheomra féin agam, is aoibhinn liom é. Tá dath corcra ar na ballaí. Is feirmeoir é mo Dhaid agus bíonn sé ag obair go crua ar an bhfeirm gach lá. Tá a lán ainmhithe againn – ba, sicíní, madra, cat agus caoirigh. Is breá liom m'áit chónaithe mar go bhfuil sí go deas ciúin. Ag an deireadh seachtaine, téim isteach sa bhaile mhór. Téim go dtí an phictiúrlann nó ag siopadóireacht le mo chairde agus bíonn an-chraic againn.

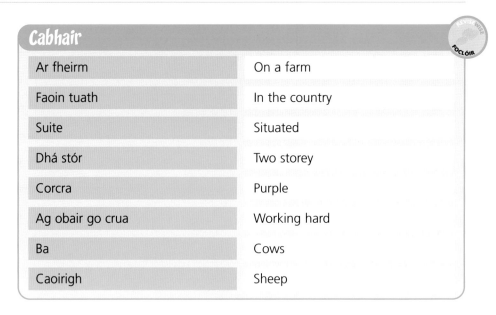

Cabhair	
Ar fheirm	On a farm
Faoin tuath	In the country
Suite	Situated
Dhá stór	Two storey
Corcra	Purple
Ag obair go crua	Working hard
Ba	Cows
Caoirigh	Sheep

Ceisteanna

1   Cá gcónaíonn Gráinne?

2   Cén sórt tí atá aici?

3   Cad iad na seomraí atá thuas staighre?

4   Cén obair a dhéanann a hathair?

5   Luaigh dhá shórt ainmhí atá ar an bhfeirm.

6   Cén fáth a dtaitníonn a háit chónaithe léi?

B

Now have a go at writing about where you live.

Cabhair

Bruachbhaile cathrach	A city suburb
Sráidbhaile	A village
Baile Mór	A town
Bungaló / teach dhá stór / teach trí stór	A bungalow / a 2 storey house / a 3 storey house
Árasán	An apartment
Sa cheantar	In the area
Tá a lán áiseanna	There are a lot of facilities
Imrím / Téim	I play / I go
In aice le	Beside
Trácht	Traffic
Gnóthach	Busy

Ceacht 3

A

Líon na bearnaí

> **Liosta focail**
> Bhuachaillí ● mhór ● fhoireann ● Gaeilge ● an Ghaeltacht ● ag traenáil
> ● tá mé ag freastal ar ● seasca ● áiseanna ● cúirteanna ● aoibhinn ●
> Céadaoin ● dalta ● ceart go leor ● snámha ● spóirt ● obair ● peile ●
> tosaíonn ● críochnaíonn

Mo scoil My school

Is mise Tómás. __ __ __ _____ __ Phobalscoil Naomh Eoin i dTrá Lí.
Scoil _____ is ea í le sé chéad _____. Scoil do _____ amháin atá
inti. Tá _____ múinteoir ag _____ sa scoil agus tá an chuid is mó díobh
_____ __ ____. Tá a lán _____ sa scoil, tá leabharlann, halla _____,
seomra ríomhaire, saotharlann agus linn _____. Tá páirc _____ in aice
na scoile freisin chomh maith le _____ leadóige. Is _____ liom
sacair agus táim ar _____ na scoile. Téim __ _____ tar éis na
scoile gach Luan agus _____ agus imrimíd cluichí in aghaidh scoilean-
na eile go minic. Is maith liom Béarla agus _____ mar gur aoibhinn
liom an léitheoireacht agus téim go dtí __ _____ gach samhradh.
_____an scoil ag a naoi a chlog agus _____ sí ar leathuair
tar éis a trí. Bíonn sos beag againn ag a haon déag a chlog agus bíonn an
lón ar a haon.

Cabhair

Tá mé ag freastal ar	I attend
Pobalscoil	Community school
Sé chéad dalta	600 students
Scoil do bhuachaillí amháin	A boys only school
Seasca	Sixty
An chuid is mó díobh	Most of them
Áiseanna	Facilities
Saotharlann	Science lab

Cabhair

Páirc peile	Football field
Foireann na scoile	The school team
Ag traenáil	Training
In aghaidh scoileanna eile	Against other schools
Léitheoireacht	Reading
Tosaíonn sé	It starts
Críochnaíonn sé	It finishes
Leathuair tar éis a trí	Half past three
Sos	A break
Lón	Lunch

B

Now have a go at writing about your own school. The vocabulary below will help you but make sure to use the vocabulary in the piece above too.

Cabhair

Meánscoil	A secondary school
Clochar	A convent
Gairmscoil	A vocational school
Scoil chónaithe	A boarding school
An Teastas Sóisearach	The Junior Cert
Tá mé ag déanamh naoi n-ábhar scoile	I am doing nine subjects
Gaeilge / Béarla / Mata / Fraincis / Tíreolaíocht / Eolaíocht / Stair / Ealaín / Staidéar Gnó / Eacnamaíocht Bhaile / Gearmáinis / Miotalóireacht / Adhmadóireacht	Irish / English / Maths / French / Geography / Science / History / Art / Business Studies / Home Economics / German / Metalwork / Woodwork

Cabhair

Imrímid a lán cluichí	We play lots of games
Peil / iománaíocht / sacar / haca / cispheil / leadóg	Football / hurling / soccer / hockey / basketbal / tennis
Tá mé i mo bhall d'fhoireann na scoile	I'm a member of the school team
Tá na háiseanna ar fheabhas	The facilities are great
Linn snámha / halla spóirt / seomra ríomhaire / cistin / teanglann	Swimming pool / sports hall / computer room / kitchen / language lab

Exercise 4

A

Líon na bearnaí

> **Liosta focail**
> thuismitheoirí ● dhearthair ● an Fhrainc ● linn snámha ● ag scoilteadh
> na gcloch ● ag siopadóireacht ● málaí troma ● ar saoire ● cluichí éagsúla
> ● bhain mé an-taitneamh as ● dul ar ais ● eitleán ● óstán galánta

Laethanta saoire / An samhradh seo caite   **Holidays / Last summer**

Is aoibhinn liom an samhradh. Téim __ _____ le mo _____ agus
mo _____ Liam gach bliain. An bhlian seo caite, chuamar go dtí __
_____. Chaitheamar dhá sheachtain i Nice agus _____ __ __ -
_____ __. Chuamar ar an _____ agus d'fhanamar in _____
_____ cois trá. Bhí an aimsir go hiontach – bhí an ghrian __
_____ __ _____ gach lá. Chaitheamar a lán ama sa ____ _____. Bhí
a lán déagóirí san áit agus bhí _____ _____ ar siúl ar an trá gach lá. Bhí
dioscó ar siúl san óstán istoíche. Bhí am iontach againn. Chaith mo Mham a
lán ama __ _____ agus bhí _____ _____ againn ag filleadh abhaile!
Ba mhaith liom ___ __ ___ go dtí an Fhrainc an samhradh seo chugainn.

Cabhair

Ar saoire	On holiday
An Fhrainc	France
Chaitheamar dhá sheachtain	We spent two weeks
Chuamar ar an eitléan	We went on the plane
Óstán galánta	A lovely hotel
Bhí an ghrian ag scoilteadh na gcloch	The sun was splitting the rocks
Déagóirí	Teenagers
Istoíche	At night
Málaí troma	Heavy bags
Ag filleadh	Returning
Dul ar ais	To go back

B

Now try and write about a holiday you were on.

Cabhair

Ar an mbád	By boat
Sa charr	In the car
Chaitheamar dhá sheachtain faoin tuath	We spent two weeks in the country
Cois farraige	Beside the sea
Ag campáil	Camping
Thóg mo thuismitheoirí teach ar cíos	My parents rented a house
Teach mo sheanmháthar	My grandmother's house
Mo sheanathair	My grandfather
Mo chol ceathracha	My cousins
Spórt agus spraoi	Fun
Cluichí	Games
Bhuail mé le cailín / buachaill	I met a girl / boy

Exercise 5

A

Mo chara *My friend*

Pól is ainm do mo chara. Cónaíonn sé i dteach dhá stór in aice liom. Bhuail mé le Pól ar an gcéad lá ar scoil. Tá sé ar an aois chéanna liomsa – tá sé sé bliana déag d'aois. Tá a bhreithlá ar an seachtú lá de mhí Eanáir. Tá sé ard agus tanaí. Tá gruaig dhonn air. Duine cliste agus macánta é. Tá féith an ghrinn iontach ann agus tá sé an-chairdiúil. Táimid ag freastal ar an scoil chéanna. Pobalscoil do bhuachaillí atá ann. Nílimid sa rang céanna, áfach, tá mise i rang 3A agus tá seisean i rang 3B. Imrímid sacar ar scoil agus táimid ar an bhfoireann sacair, tá Pól ina chaptaen. Is breá linn dul ag imirt sacair le chéile ag an deireadh seachtaine. Tar éis na scrúduithe, rachaimid go dtí Campa Spóirt i nGaillimh ar feadh dhá sheachtain.

Cabhair

Ar an gcéad lá	On the first day
Ar an aois chéanna	The same age
Cliste agus macánta	Clever and honest
Féith an ghrinn	Sense of humour
An scoil chéanna	The same school
Áfach	However
Ina chaptaen	Is captain
Tar éis na scrúduithe	After the exams
Rachaimid	We will go
Campa Spóirt	Sports camp

Ceisteanna

1 Cén aois é Pól?

2 Cathain atá a bhreithlá?

3   Déan cur síos ar Phól (trí rud).

4   Cén sórt scoile atá inti?

5   An bhfuil siad sa rang céanna?

6   Ainmnigh caitheamh aimsire amháin atá ag na buachaillí.

7   Céard a dhéanann siad ag an deireadh seachtaine?

8   Cad a dhéanfaidh siad tar éis na scrúduithe?

B

Now have a go at writing about your own friend – 'Mo chara'.
Use the vocabulary above and below to help you.

Cabhair

Is é / í an cara is fearr liom	He / She is my best friend
Bhuaileamar le chéile	We met
Nuair a…	When
Ard / tanaí / íseal / ramhar	Tall / thin / small / fat
Gruaig dhonn / dhubh / fhionn / rua	Brown / black / blonde / red hair
Chuamar	We went
Bhíomar	We were
Táimid	We are
Téimid ag imirt….	We go playing…

_____

_____

_____

_____

_____

_____

_____

_____

_____

Exercise 6

A

Líon na bearnaí.

> **Liosta focail**
> ● ag tnúth ● cluichí ● tuirseach traochta ● ceannaím ● faoin gcrann
> ● dúisím ● ar Aifreann ● seachtain ● go moch ● áthas an domhain
> ● turcaí ● is aoibhinn liom ● teilifíse

Lá Nollag i mo theach   *Christmas Day in my house*

Is é Lá Nollag an lá is fearr liomsa den bhliain. Bím __ _____ leis le fada
agus bíonn sceitimíní orainn go léir sa teach. _____ bronntanais do gach
duine i mo chlann cúpla _____ roimh ré agus cuirim na bronntanais
_____ _____ Nollag sa seomra suí. De ghnáth éirím __ ____ ar maidin
agus _____ mo dheirfiúr agus mo dheartháir. Téimid síos an staighre
agus osclaímid na bronntanais. Bíonn _____ __ _____ orainn go léir ag
féachaint ar na rudaí áille a fhaighimid. Ansin téimid __ _____ ag a haon
déag a chlog. Um thráthnóna, cabhraím le mo mháthair an dinnéar a ullmhú.
Bíonn béile blasta againn le _____ agus liamhás agus prátaí rósta – __
_____ ____ an bia sin! Tar éis an dinnéir, suímid síos os comhair na
_____ nó imrímid _____. Bainim an-taitneamh as ach ag deireadh an
lae bím _____ _____.

Cabhair

Lá Nollag	Christmas Day
An lá is fearr liomsa	My favourite day
Den bhliain	Of the year
Ag tnúth leis le fada	Looking forward to it for ages
Sceitimíní	Excited
Cúpla seachtain roimh ré	A few weeks beforehand
Faoin gcrann Nollag	Under the Christmas tree
De ghnáth	Usually
Éirím go moch	I get up early
Dúisím	I wake
Bíonn áthas an domhain orainn	We're delighted
A fhaighimid	We get
Ar Aifreann	To Mass
An dinnéar a ullmhú	To prepare dinner
Béile blasta	A tasty meal
Liamhás agus prátaí rósta	Ham and roast potatoes
Os comhair na teilifíse	In front of the tv
Ag deireadh an lae	At the end of the day
Tuirseach traochta	Exhausted

B

Now try and write about your favourite day of the year – *'An lá is fearr liom den bhliain'*

Cabhair

Lá Fhéile Pádraig	St Patrick's Day
Mórshiúil	Parade
Bíonn an chathair ildaite	The city is multicoloured
Domhnach Cásca	Easter Sunday
Mo bhreithlá	My birthday
Oíche Shamhna	Hallowe'en
Mar	Because

Exercise 7

Scríobh alt ar 'Na caithimh aimsire is fearr liom'. Bain úsáid as na focail thíos.

Caithimh aimsire / An caitheamh aimsire is fearr liom
Hobbies / My favourite hobby

Cabhair

Ag imirt spóirt	Playing sport
Ag imirt peile / iománaíochta / leadóige / haca / cispheile	Playing football / hurling / tennis / hockey / basketball
An club óige	The youth club
Léitheoireacht	Reading
Ag dul chuig an leabharlann	Going to the library
Ag rothaíocht	Cycling
An phictiúrlann	The cinema
Ag dul amach le mo chairde	Going out with my friends
Ag féachaint ar an teilifís	Watching TV
Ag iascaireacht	Fishing
Ag éisteacht le ceol	Listening to music
Popcheol / rac-cheol / ceol traidisiúnta / ceol tíre / ceol clasaiceach	Pop music / rock music / traditional music / country music / classical music
Ag seinm ceoil	Playing music
An fheadóg mhór / an pianó / an fheadóg stáin / an giotár / an bodhrán / amhránaí	The flute / the piano / the tin-whistle / the guitar / the bodhrán / a singer
Banna ceoil	A band
An ríomhaire	The computer
Ag scimeáil ar an idirlíon	Surfing the Net
Ag dul chuig ceolchoirmeacha	Going to concerts
Ag snámh sa linn snámha	Swimming in the swimming pool
Ag traenáil	Training
Ag cleachtadh	Practising

Handy Hint

When you're writing about your hobby / hobbies make sure you give as many details as you can.

If you say that you like listening to music, what type of music?
Do you buy CDs? *(dlúthcheirníní)*. What is the name of your favourite group? *(An grúpa is fearr leat?)*. Have you been to any concerts? *(ceolchoirm)*. Do your friends like the same music? *(An dtaitníonn an ceol sin le do chairde?)*. If you pick a sport – how often to you train? Where do you train? Do you play matches? Are you on the school team?
Who is your favourite player?

***Caithimh aimsire* = hobbies - so you can mention more than one!**

Key points to remember

- Length: make sure you keep your answer to about 15 lines.
- Priority: the 'Alt' section is the section of the exam paper worth the most marks. Make sure you spend a good bit of time on this question.
- Practice makes perfect: learn the vocabulary and phrases in this chapter during the year in preparation for the exam.

Section 9: Cuntas Dialainne

●●● What you will learn in this chapter

1   Learn useful phrases and vocabulary for use in the
    'Cuntas Dialainne' question
2   Examine sample questions and worked answers
3   Discover handy hints to help you with the exam

Exam Guidelines

- The *Cuntas Dialainne* (Diary Entry) question is Question 3 on Part 2 of the paper
- You have a choice between the *Alt* (look at the previous chapter) and the *Cuntas Dialainne*
- The Diary Entry is worth 45 marks
- You are given a series of four pictures showing what happened during your day, you must write an account of this in your 'diary'
- There is always some Irish in the pictures – make sure you use it in your account
- You must refer to each picture – you will lose marks if you leave one or two out
- Spend 20 minutes on this question

Past exam questions

Have a look at the kind of topics that have come up in recent years.

Junior Cert 2006	Turas scoile go Londain *A school trip to London*
Junior Cert 2005	Saoire rothaíochta *A cycling holiday*
Junior Cert 2004	Deireadh seachtaine sa Ghaeltacht *A weekend in the Gaeltacht*
Junior Cert 2003	Ag dul chun dráma a fheiceáil *Going to see a play*
Junior Cert 2002	Ag bualadh le cailín beag a bhí caillte sa siopa *Meeting a little girl who was lost in the shop*
Junior Cert 2001	Timpiste san abhainn *An accident in the river*
Junior Cert 2000	Timpiste bhóthair *A road accident*

As this is a diary entry, you must put the date in the corner and start with **'Dear diary'**

Example:

3 Márta,

A dhialann...

Make sure you have a few dates learnt off before your exam.

Na Míonna / Months

Eanáir	January
Feabhra	February
Márta	March
Aibreán	April
Bealtaine	May
Meitheamh	June
Iúil	July
Lúnasa	August
Meán Fómhair	September
Deireadh Fómhair	October
Mí na Samhna	November
Mí na Nollag	December

Points to Note

As you are writing about what happened during the day, the diary entry is written in the **past tense – *An Aimsir Chaite*.** Go back over the verbs in the previous chapter and try and fill in the box below.

I woke up ....
I got up ....
I put ....
I ate ....
I drank ....
I got ....
I heard ....
I saw ....
I ran ....
I went ....
I played ....
I came ....
I made / I did ....

Can you remember them all?

'We' is very often used as well as 'I' in the story.
Look at the examples below

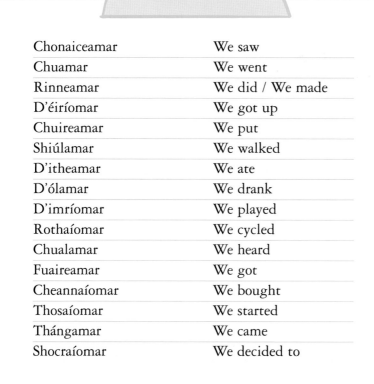

Chonaiceamar	We saw
Chuamar	We went
Rinneamar	We did / We made
D'éiríomar	We got up
Chuireamar	We put
Shiúlamar	We walked
D'itheamar	We ate
D'ólamar	We drank
D'imríomar	We played
Rothaíomar	We cycled
Chualamar	We heard
Fuaireamar	We got
Cheannaíomar	We bought
Thosaíomar	We started
Thángamar	We came
Shocraíomar	We decided to

Foclóir

Tús an chuntais – ar maidin	The start of the account – in the morning
D'éirigh mé go moch inniu	I got up early today
Léim mé as an leaba	I jumped out of bed
Ghléas mé mé féin	I dressed myself
D'fhéach mé amach tríd an bhfuinneog	I looked out the window
D'fhág mé slán le mo Mham	I said goodbye to my mum
Bheartaigh mé ar dhul go dtí	I decided to go to
Bhí orm dul go dtí an	I had to go to

Foclóir

An aimsir	The weather
Lá breá brothallach a bhí ann	It was a lovely warm day
Ní raibh scamall sa spéir	There wasn't a cloud in the sky
Bhí an ghrian ag scoilteadh na gcloch	The sun was splitting the rocks
Lá fuar a bhí ann	It was a cold day
Lá garbh gaofar a bhí ann	It was a rough windy day
Bhí sé ag cur sneachta	It was snowing
Bhí leac oighir ann	There was ice
Bhí an ghaoth ag séideadh	The wind was blowing

Cá raibh tú ag dul?	Where were you going?
Bhí mé ar mo bhealach ar scoil	I was on my way to school
Bhí mé ag siúl abhaile	I was walking home
Bhí mé ar mo shlí chuig teach mo charad	I was on my way to my friend's house
Bhí mé ag dul thar an gclub óige	I was going by the youth club
Bhí mé ag dul ag siopadóireacht / ag snámh / ag traenáil	I was going shopping / swimming / training

Cad a tharla?	What happened?
Nuair a …	When…
Chonaic mé póstaer ar an mballa	I saw a poster on the wall
Chonaic mé fógra ar an bhfuinneog	I saw a notice on the window
Bhuail mé le mo chara	I met my friend
Chuala mé faoin bhféile / deireadh seachtaine / turas scoile / díolachán / gcóisir / gceolchoirm / dráma / lá spóirt / tráth na gceist / dioscó / céilí	I heard about the festival / weekend / school tour / sale / party / concert / play / sport's day / quiz / disco / céilí

Conas a mhothaigh tú?	How did you feel?
Bhí ionadh orm	I was surprised
Bhí áthas orm	I was happy
Bhí mé ar bís	I was excited
Bhí sceitimíní orm	I was excited
Bhí mé ag tnúth go mór leis	I was really looking forward to it
Bhí mé neirbhíseach	I was nervous

Foclóir

Céard a rinne tú?	What did you do?
Chuir mé glao ar Shorcha	I called Sarah
Bhuail mé le Séamas ag geata na scoile	I met Seamas at the school gate
Cheannaigh mé ticéad san oifig	I bought a ticket in the office
Chuir mé glao ar an uimhir theileafóin	I called the telephone number
D'inis mé an scéal dó / di	I told him / her the story
Chuaigh mé ar an mbus	I went on the bus

Ar thaitin sé leat?	Did you enjoy it?
Bhí lá iontach againn	We had a great day
Bhaineamar an-taitneamh as an lá	We really enjoyed the day
Bhí an-chraic againn	We had great craic
Thaitin sé go mór liom	I really enjoyed it
Níor thaitin sé liom ar chor ar bith	I didn't like it at all
Bhí áthas orm nuair a shroicheamar an teach	I was glad when we reached the house

An t-am	The time
Ag a haon / dó / trí / ceathair / cúig / sé / seacht / hocht / naoi / deich / haon déag / dó dhéag a chlog…	At one / two / three/ four / five / six / seven / eight / nine / ten / eleven / twelve o'clock…
Leathuair tar éis a…	Half past…
Ceathrú tar éis	A quarter past
Ceathrú chun	A quarter to
Ar maidin	In the morning
Um thráthnóna	In the afternoon
San oíche	In the night-time
Ansin	Then
Ina dhiaidh sin	After that
Tar éis tamaill	After a while
Faoi dheireadh	At last

Practise

Worked Example

Look at the following worked example below. Take note of how each picture is referred to.

Is iad Nóirín agus Seán na daoine óga atá sna pictiúir thuas. Scríobh síos an cuntas, is dóigh leat, a bheadh ag Seán ina dhialann (nó ag Nóirín ina dialann) ar na himeachtaí atá léirithe thuas.

Cabhair

Ag seinm ceol traidisiúnta	Playing traditional music
Ag rince	Dancing
Deoch agus bia	Drinks and food
Bhí an áit plódaithe	The place was packed
Bhí tuirse an domhain orm	I was exhausted

18 Bealtaine,

A dhialann,

Inniu d'éirigh mé go moch ar maidin. Ghléas mé mé féin agus d'ith mé mo bhricfeasta. D'fhág mé slán le mo Mham agus amach liom. Lá fuar a bhí ann. Bhí an ghaoth ag séideadh.

Picture 1   Bhí mé ar mo bhealach ar scoil nuair a bhuail mé le mo chara Seán.

Picture 2   Bhíomar ag dul isteach doras na scoile nuair a chonaiceamar póstaer ar an mballa. Bhí áthas orainn nuair a léamar faoin gcéilí.

Picture 3   Chuamar go dtí an oifig agus cheannaíomar ticéid. Ar a haon déag a chlog chuamar go dtí an halla.

Picture 4   Bhí daoine ag seinm ceol traidisiúnta agus bhí daoine eile ag rince.

Bhí deoch agus bia ar na boird. Bhí an áit plódaithe. Thosaigh mé ag rince le Seán. Bhí an-chraic againn. Tar éis tamaill, bhí tuirse an domhain orm. Shuigh mé síos agus d'ól mé oráiste. Chríochnaigh an céilí ar a dó. Bhain gach duine taitneamh as an lá!

slán,
Nóirín

Points to Note

You must pretend that you are one of the people in the pictures, so always write in the first person.

Exercise 1

Is iad Deirdre agus Séamas na daoine óga atá sna pictiúir thuas. Scríobh síos an cuntas is dóigh leat a bheadh ag Deirdre ina dialann (nó ag Séamas ina dhialann) ar na himeachtaí atá léirithe thuas.

Cabhair

Bhí mé sa bhanc	I was in the bank
Chun m'airgead a chur i mo chuntas bhanc	To put my money into my account
Sa scuaine	In the queue
Chonaic mé …	I saw
Bhí mé ag labhairt le …	I was talking to…
Go tobann	Suddenly
Phléasc beirt fhear isteach	Two men burst in
Gadaithe	Robbers
Gunnaí ina lámha acu	Guns in their hands
Aghaidh fhíochmhar	A fierce face
Eagla an domhain ar gach duine	Everyone terrified
Ag caoineadh	Crying
Thóg siad	They took

Cabhair

Na málaí airgid	Bags of money
Carr ag fanacht	A car waiting
Na Gardaí ag fiosrú an scéil	The Guards investigating
Ag glacadh nótaí	Taking notes
Ag féachaint ar an nuacht	Watching the news
Gabhadh na fir	The men were caught
Timpiste bhóthair	A road accident
Ag tiomáint go róthapa	Driving too fast
Cuireadh i bpriosún iad	They were put into prison

Exercise 2

Is iad Áine agus Diarmuid na daoine óga sna pictiúir thuas. Scríobh síos an cuntas is dóigh leat a bheadh ag Áine ina dialann (nó ag Diarmuid ina dhialann) ar na himeachtaí atá léirithe thuas.

Cabhair

Ag stealladh báistí	Lashing rain
Bhí an bóthar sleamhain	The road was slippery
Bhíomar ag cleasaíocht ar na rothair	We were messing on the bikes
Carr ag teacht	A car coming
Theip ar na coscáin	The brakes failed
Leag sé	It hit
Ar thaobh an bhóthair	At the side of the road
Chuir sé fios ar an otharcharr	He sent for the ambulance
Bhí imní an domhain orm	I was really worried
Ag cur fola	Bleeding
Thug mé cuairt air	I visited him
Ceart go leor	Alright

Exercise 3

Is iad Sorcha agus Liam na daoine óga atá sna pictiúir thuas. Scríobh síos an cuntas is dóigh leat a bheadh ag Sorcha ina dialann (nó Liam ina dhialann) ar na himeachtaí atá léirithe thuas.

Cabhair

Ag imirt peile	Playing football
I gclós na scoile	In the school yard
Thug mé cic don liathróid	I kicked the ball
Ró-ard	Too high
Bhuail sé in aghaidh na fuineoige	It hit the window
Chualamar torann uafásach	We heard a terrible noise
I smidiríní	In bits
Ar dheargbhuile	Raging
Chuir sé glaoch ar	He called
Mo thuismitheoirí	My parents
Íoc as	Pay for it
Ag fanacht istigh	Staying in

Exercise 4

Is í Máire an duine óg atá sna pictiúir thuas. Scríobh síos an cuntas is dóigh leat a bheadh ag Máire ina dialann ar na himeachtaí atá léirithe thuas.

Cabhair

Ní raibh mé ar fónamh	I wasn't feeling well
Tinneas goile	A sick stomach
Tinneas cinn	A headache
Ag cur amach sa leithreas	Getting sick in the toilet
Oifig an phríomhoide	The principal's office
Bhí áthas orm mo Mham a fheiceáil	I was glad to see my mum
Teocht	Temperature
Ag cur allais	Perspiring / sweating
An fliú	The flu
Dúirt sé liom	He told me to
Fanacht sa leaba	Stay in bed

Exercise 5

Is iad Gráinne agus Tomás na daoine óga atá sna pictiúir thuas. Scríobh síos an cuntas is dóigh leat a bheadh ag Gráinne ina dialann (nó Tomás ina dhialann) ar na himeachtaí atá léirithe thuas.

Cabhair

Cluiche ceannais	A final
Bhí an áit plódaithe	The place was packed
Lucht tacaíochta	Supporters
Ag canadh ar an mbus	Singing on the bus
Brait	Banners
Neirbhíseach	Nervous
Ciseán iontach	A great basket
Bhíomar chun tosaigh	We were ahead
Ag leathama	At half time
Bhí an bua againn	We won
Bronnadh an corn orainn	The cup was presented to us
Ag ceiliúradh	Celebrating
Féasta	A party
Bia agus deoch	Food and drink
Ceol agus damhsa	Music and dancing

Past exam questions

Junior Certificate 2006

Is iad Áine agus Seán na daoine óga atá sna pictiúir thuas. Scríobh síos an cuntas is dóigh leat a bheadh ag Áine ina dialann (nó ag Séan ina dhialann) ar na himeachtaí atá léirithe thuas.

Is iad Nuala agus Séamas na daoine óga atá sna pictiúir thuas. Scríobh síos an cuntas is dóigh leat a bheadh ag Nuala ina dialann (nó ag Séamas ina dhialann) ar na himeachtaí atá léirithe thuas.

Junior Certificate 2004

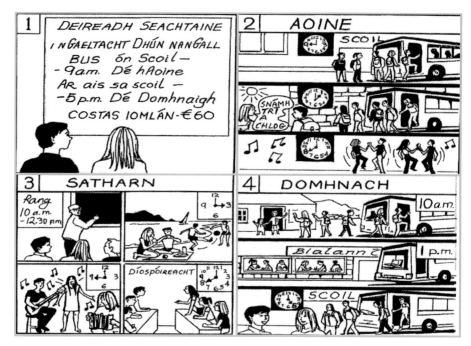

Is iad Nuala agus Séamas na daoine óga sna pictiúir thuas. Scríobh síos an cuntas is dóigh leat a bheadh ag Nuala una dialann (nó ag Séamas una dhialann) ar na himeachtaí atá léirithe thuas.

●●● **What you will learn in this chapter**

1 Learn how the listening section of the exam is structured and what to expect
2 Learn handy hints and useful tips to help you with this question
3 Learn useful vocabulary and phrases to listen out for

Exam Guidelines

● This section will deal with the listening part of your exam
● The Listening Comprehension is worth 100 marks out of a total of 320 marks
● This exam lasts 30 minutes
● There are four sections – Part A, Part B, Part C and Part D
● Make sure you read the questions carefully and never leave a blank
● Make sure your answers are in Irish – there are no marks for answers in English, even if it's right!
● Never write two answers for one question, even if you have the correct answer along with an incorrect one, you will not get any marks

With a little bit of practice and some learning, you can do very well on the listening part of your exam!

Before we look at the layout of the paper, study the following vocabulary.

Foclóir

Na contaetha	The counties
Aontroim	Antrim
Ard Mhaca	Armagh
Baile Átha Cliath	Dublin
An Cabhán	Cavan
Ceatharlach	Carlow
Ciarraí	Kerry
Cill Chainnigh	Kilkenny
Cill Dara	Kildare
Cill Mhantáin	Wicklow
An Clár	Clare
Corcaigh	Cork
Doire	Derry
An Dún	Down
Dún na nGall	Donegal
Fear Manach	Fermanagh
Gaillimh	Galway
An Iarmhí	Westmeath
Laois	Laois
Liatroim	Leitrim
Loch Garman	Wexford
An Longfort	Longford
Lú	Louth
Luimneach	Limerick
Maigh Eo	Mayo
An Mhí	Meath
Muineachán	Monaghan
Port Láirge	Waterford
Ros Comáin	Roscommon
Sligeach	Sligo
Tiobraid Árann	Tipperary
Tír Eoghain	Tyrone
Uíbh Fhailí	Offaly
Tíortha agus cathracha	Countries and cities
Sasana	England
Albain	Scotland
An Bhreatain Bheag	Wales
An Bheilg	Belgium
An Fhrainc	France
An Ghearmáin	Germany
An Iodáil	Italy
An Spáinn	Spain

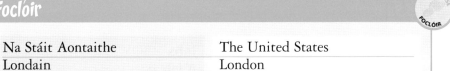

Foclóir

Na Stáit Aontaithe	The United States
Londain	London
Páras	Paris
Nua-Eabhrac	New York

Laethanta na seachtaine	**Days of the week**
An Luan	Monday
An Mháirt	Tuesday
An Chéadaoin	Wednesday
An Déardaoin	Thursday
An Aoine	Friday
An Satharn	Saturday
An Domhnach	Sunday

Ábhair scoile	**School subjects**
An Ghaeilge	Irish
An Béarla	English
An Fhraincis	French
An Ghearmáinis	German
Matamaitic	Maths
Stair	History
Tíreolaíocht	Geography
Eolaíocht	Science
Ceol	Music
Staidéar Gnó	Business studies
Eacnamaíocht bhaile	Home economics
Adhmadóireacht	Woodwork

Spórt	**Sport**
Peil ghaelach	Gaelic football
Sacar	Soccer
Rugbaí	Rugby
Cispheil	Basketball
Iománaíocht	Hurling
Camógaíocht	Camogie
Haca	Hockey
Leadóg	Tennis
Galf	Golf
Cluiche	A game
Foireann	A team
Réiteoir	A referee
Corn	A cup
Na Cluichí Oilimpeacha	The Olympic Games

Foclóir

Poist	Jobs
Slí bheatha	A job
Gairm bheatha	A job
Innealtóir	An engineer
Aturnae	A solicitor
Bainisteoir	A manager
Cuntasóir	An accountant
Siúinéir	A carpenter
Meicneoir	A mechanic
Dochtúir	A doctor
Múinteoir	A teacher
Rúnaí	A secretary

Layout of the papers

Part A

1 This part is played **three times**
2 **Three young people** talk about who they are and where they're from
3 Read the questions carefully and take your time – you will hear each piece **three times** so there's no need to panic if you miss some answers in the beginning

These words come up in questions again and again in this section, so make sure you recognise them!

Foclóir

Cén aois?	What age?
Cá bhfuil sé / sí ina c(h)ónaí?	Where does he / she live?
Cad as di / dó?	Where is he / she from?
Cár rugadh í?	Where was she born?
Cén contae?	What county?
Slí bheatha / gairm bheatha	Profession (job)
Cé mhéad?	How many?
Deartháir	Brother

Foclóir

Deirfiúr	Sister
Athair	Father
Máthair	Mother
Ag freastal ar an mbunscoil / méanscoil / ollscoil	Attending primary school / secondary school / university
Ábhar scoile	School subject
Caitheamh aimsire	Past time
Cén gléas / uirlis cheoil a sheinneann sé?	What musical instrument does he play?
Cén cluiche a imríonn sé?	What sport does he play?
Clár teilifíse	Tv programme
Cén airde é?	What height is he?
Dath a c(h)uid gruaige?	Colour of his / her hair?
Dath a c(h)uid súl?	Colour of his / her eyes?
Cad ba mhaith léi a dhéanamh?	What would she like to do?
Cá?	Where?

Part B

1 This part is played **twice**
2 You will hear **three** notices, for example – an announcement in school, a notice about a book sale or a festival etc.
3 For the first question, you have to match up the notice with a picture – **never leave this box blank** – this way you always have some chance of getting it right!
4 Try your best to get the answers the first around and then check to make sure you're right on the second listening

Foclóir

Daltaí scoile	Students
An príomhoide	The principal
Comórtas	A competition
Ticéid	Tickets
Oifig an rúnaí	The secretary's office
Pictiúrlann	The cinema
Timpiste	An accident

Foclóir

An oscailt oifigiúil	The official opening
Díolachán	A sale
An t-ollmhargadh	The supermarket
Nuachtán	A newspaper
Ceolchoirm	A concert
Féasta / Cóisir	A party
Robáil	A robbery

Part C

1. This part is played **three times**
2. You will hear **three** conversations
3. There is a small break between the first and second part *(mír)* of every conversation
4. Read the questions carefully and listen out for any words you recognise, you don't need to understand every word to find the right answer!

Foclóir

Anocht	Tonight
Aréir	Last night
Amárach	Tomorrow
Le déanamh	To do
Le feiceáil	To see
Scannán	A film
Pictiúrlann	The cinema
Ceolchoirm	A concert
An aimsir	The weather
An samhradh seo caite	Last summer
An samhradh seo chugainn	Next summer
Béile	A meal
Comórtas	A competition
An chéad bhabhta	The first round
Ag magadh faoi	Teasing / making fun of
Dea-scéal	Good news
Drochscéal	Bad news
Cén plean?	What plan?
Leathlae	A half-day

Part D

1   This is the last section and it is played **twice**
2   You hear **three** different radio news pieces – ranging from the weather
    to a farmer giving out about dogs attacking his sheep!
3   Read the questions very carefully and again try and get most of the
    information the first time around, this allows you to make sure
    you're right the second time.

Foclóir

Lucht leanúna	Fans
Scrúduithe	Exams
Clár raidió	A radio programme
Clár teilifíse	A tv programme
Raidió na Life	Raidió na Life
Raidió na Gaeltachta	Raidió na Gaeltachta
Stoirm	A storm
Damáiste / dochar	Damage
Gan dul amach	Not to go out
Gluaisrothar	A motorbike
Míle	A thousand – 1,000
Céad	A hundred – 100
Milliún	A million – 1,000,000
Le fáil	Available
Rás	A race
Chun airgead a bhailiú	To raise money

Points to Note

1   You do not need to write full sentences.
2   Do not write any English – you will not get any marks for this.
3   Be careful of your spelling – remember there is no j, k, q, w, x, y, z
        in Irish! These are taken as English spellings so you won't get any
        marks if you use them!
4   Use a pencil – if you make a mistake you can just rub it out – much neater!

Key points to remember

- **Practice makes perfect:** make sure you learn the useful vocabulary and phrases in this chapter in preparation for this question on the exam paper.
- **Read the question:** make sure you fully understand what you are being asked before putting pen to paper.
- **Irish only:** don't write down any answers in English, you won't get any marks for doing this.

Section 11: Study Plan

In this section you will find a useful study plan – the study plan, which will help you plan out your revision in preparation for the exam.

The study plan allows you allocate a specific date and time to revise each area of the Irish course. The study plan includes a handy 'Night Before' revision section. This feature will be useful for planning the key areas to look over on the night before your exam.

Remember, it is very important to organise regular revision to make sure that you don't leave it all until the last minute. By using the Edco Study Plan you can make sure that you cover all the key topics at regular intervals before the exam.

Go n-éirí libh!

Date			
Time			
Section to be revised			

Date			
Time			
Section to be revised			

Date			
Time			
Section to be revised			

Date			
Time			
Section to be revised			

Date			
Time			
Section to be revised			

Date			
Time			
Section to be revised			

Night before exam	
Sections to be revised	

Date			
Time			
Section to be revised			

Date			
Time			
Section to be revised			

Date			
Time			
Section to be revised			

Date			
Time			
Section to be revised			

Date			
Time			
Section to be revised			

Date			
Time			
Section to be revised			

Night before exam

Sections to be revised

Date			
Time			
Section to be revised			

Date			
Time			
Section to be revised			

Date			
Time			
Section to be revised			

Date			
Time			
Section to be revised			

Date			
Time			
Section to be revised			

Date			
Time			
Section to be revised			

Night before exam

Sections to be revised

Date			
Time			
Section to be revised			

Date			
Time			
Section to be revised			

Date			
Time			
Section to be revised			

Date			
Time			
Section to be revised			

Date			
Time			
Section to be revised			

Date			
Time			
Section to be revised			

Night before exam

Sections to be revised

Date

Time

Section to
be revised

Date

Time

Section to
be revised

Date

Time

Section to
be revised

Date

Time

Section to
be revised

Date

Time

Section to
be revised

Date

Time

Section to
be revised

Night before exam

Sections to
be revised